Organización del almacén

Organización
del almacén

Mercedes Fernández Correas
Sara Jiménez Jiménez
Silvia López García

Paraninfo | **ESPECIALIDADES FORMATIVAS**

Paraninfo

© Autoras: Mercedes Fernández Correas
          Sara Jiménez Jiménez
          Silvia López García

© Ediciones Paraninfo, SA, 2025
1.ª edición, 2025

C/ Sierra de Guadarrama 35. Naves 2, 3, 4 y 5
Pol. Ind. San Fernando II,
28830 San Fernando de Henares
Teléfono: 914 463 350
clientes@paraninfo.es / www.paraninfo.es

Producción: Nacho Cabal Ramos
Diseño y maquetación: Eva Zuazua

ISBN: 978-84-283-6815-5
Depósito legal: M-2798-2025
(30.638)

Impreso en España
Liberdigital (Casarrubuelos, Madrid)

La editorial recomienda que el alumnado realice las actividades sobre el cuaderno y no sobre el libro.

Paraninfo

Este manual desarrolla la especialidad formativa denominada **Organización del almacén**. Con código COML019PO y nivel de cualificación profesional 1.

El objetivo general es identificar las mercancías a almacenar, así como la aplicación de las distintas técnicas de distribución y organización de espacios para gestionar los recursos humanos y materiales de un almacén.

El libro responde fielmente al desarrollo curricular establecido en los 9 módulos formativos que integran el programa formativo:

Módulo 1: El almacén
Módulo 2: Zonas comunes en un almacén
Módulo 3: El diseño de la distribución de la planta (*layout*)
Módulo 4: Los equipos mecánicos que se utilizan en el almacén
Módulo 5: Últimas técnicas de almacenaje, *stocks* y envíos en general
Módulo 6: Organización y gestión general de almacén
Módulo 7: Gestión de recursos humanos en el almacén
Módulo 8: Las nuevas tecnologías en la organización del trabajo
Módulo 9: Prevención de riesgos laborales

El cómputo total de horas formativas es de 30.

Presentación

Las unidades del libro se acompañan de multitud de **recursos didácticos** que ayudarán a quienes se estén formando como personal técnico a comprender la materia y acercarlo a su inminente realidad laboral:

- Desarrollo del currículo oficial.
- Lenguaje claro y sencillo que favorece la comprensión.
- Explicaciones exhaustivas y rigurosas, pero también amenas y asequibles.
- Gran cantidad de fotografías y tablas explicativas.
- Recuadros con resúmenes y conceptos más importantes.
- Actividades propuestas y resueltas intercaladas con la teoría.
- Ejemplos reales para ilustrar los contenidos teóricos.
- Actividades finales de comprobación de tipo test en todas las unidades.

Este libro cuenta con el **solucionario** de las actividades incluidas en el libro al que puede accederse previo registro, desde la ficha web de este libro en www.paraninfo.es.

Solucionario disponible en

www.paraninfo.es

Contenido

Contenido

El almacén

La Unidad 1 del libro se centra en los aspectos fundamentales del almacén. Comienza con los objetivos del almacén, que incluyen la gestión eficiente del espacio, la protección de los productos y la optimización del flujo de materiales. Luego, aborda los distintos tipos de existencias, diferenciando entre materias primas, productos en proceso y productos terminados. Se exploran las formas de clasificación según las existencias, destacando métodos como la clasificación ABC y la identificación de lotes. Finalmente, se describen los diversos tipos de almacenes, desde almacenes generales hasta especializados, subrayando sus características y funciones específicas.

El almacén es una parte fundamental de la gestión logística de cualquier empresa.

Es el lugar donde se almacenan y gestionan las existencias de productos o materiales necesarios para el funcionamiento de la organización. Su correcta gestión contribuye significativamente a la eficiencia y rentabilidad del negocio.

¿Cuándo surgen los primeros almacenes?

La historia de la logística se remonta a las primeras civilizaciones humanas, donde se percataron de la necesidad del aprovisionamiento y del transporte de bienes para subsistir.

El Imperio egipcio (entre 3300 a. C. y 332 a. C.) desarrolló técnicas de transporte y almacenamiento para mantener un suministro constante de alimentos y bienes esenciales.

1.1. Objetivos del almacén

La gestión de almacenes abarca tanto la recepción y el almacenaje como el movimiento de cualquier unidad logística dentro de un mismo espacio. Existen dos etapas para optimizar un almacén: el abastecimiento y la distribución.

Podemos resumir los objetivos principales del almacén en los siguientes:

- Optimización de inventarios: mantener un nivel adecuado de existencias para satisfacer la demanda del mercado sin incurrir en excesos que generen costos innecesarios.

- Minimización de costos: reducir los costos asociados al almacenamiento, manejo y distribución de los productos.

- Maximización del espacio: aprovechar al máximo el espacio disponible en el almacén para almacenar la mayor cantidad de productos de manera organizada y accesible.

- Agilización de procesos: facilitar el flujo de productos dentro del almacén, desde la recepción hasta la expedición, minimizando los tiempos de espera y los errores en la gestión. Siendo más rápidos en la entrega del producto al cliente.

- Seguridad: garantizar la seguridad tanto de los productos almacenados como del personal que trabaja en el almacén, mediante el cumplimiento de normativas de seguridad laboral y la implementación de medidas preventivas.

1.2. Tipos de existencias

El concepto de existencias, en economía, hace referencia a los bienes poseídos por una empresa para su venta en el curso ordinario de la explotación, o bien para su transformación o incorporación al proceso productivo.

Las existencias almacenadas en un almacén pueden clasificarse en varias categorías:

- Existencias de materias primas: materiales utilizados en la fabricación de productos.

- Existencias de productos semielaborados: productos en proceso de producción que aún requieren de transformación para convertirse en productos terminados.

- Existencias de productos terminados: productos listos para su comercialización y venta.

- Existencias de repuestos o materiales auxiliares: materiales utilizados para el mantenimiento o reparación de equipos o productos.

1.3. Formas de clasificación según existencias

Las existencias almacenadas pueden clasificarse según diferentes criterios, entre ellos:

- Según su valor económico: clasificación según el valor económico de los productos, dividiendo las existencias en categorías de alta, media y baja rotación.

- Según su ciclo de vida del producto: clasificación según el estado de los productos en su ciclo de vida, como materias primas, productos en proceso o productos terminados.

- Según su demanda: clasificación según la demanda de los productos dividiendo las existencias en productos de alta, media y baja demanda (o rotación).

- Según su función: teniendo en cuenta la siguiente subcategoría:

  - Existencias medias: es el volumen medio de existencias que se tiene en el almacén en un periodo de tiempo determinado.

  - Existencias de protección o seguridad: son aquellas a mayores de las que se necesitan para el funcionamiento normal de la empresa, y son aquellas necesarias cuando no se conoce la demanda que se va a tener o existen dudas sobre el plazo de entrega de algún pedido, de esta manera siempre se está prevenido, ya que en la gestión de *stocks* se cuenta con algunas existencias a mayores por lo que pueda pasar.

  - Existencias de participación: son aquellas de producción periódica o estacional, ya que se trata de materias primas que se deben conseguir cuando están disponibles o porque existe un gran precio por el que a la empresa le interesa conseguir más existencias de las necesarias.

  - Existencias activas: son las existencias normales o cíclicas, son existencias que se consumen a lo largo del tiempo en situaciones normales de funcionamiento.

— Existencias sobrantes: son aquellas que, aun estando en buen estado, no son necesarias, por lo que no deben salir del almacén. Al no poder estar en el almacén por más tiempo, solo se puede devolverlas al proveedor o utilizarlas y, si no fuera posible, se puede realizar ofertas comerciales interesantes que inciten a su compra. La última opción sería tirar estos artículos, ya que no pueden quedarse en el almacén por más tiempo.

1.4. Tipos de almacenes

Los tipos de almacenes pueden variar según diversos criterios, incluyendo la función, la ubicación, la estructura y los sistemas de gestión utilizados.

A continuación, se presentan algunos de los tipos más comunes.

Figura 1.1. La evolución permanente de los almacenes.

1.4.1. Según su ubicación y la actividad que realicen

Según dónde estén situados y su función logística, podemos dividir los almacenes en distintas categorías:

■ Almacén de aprovisionamiento: es aquel en el que se almacenan las materias primas o cualquier tipo de elemento necesario para abastecer el proceso de producción de un determinado producto. Un almacén de aprovisionamiento debe garantizar que siempre haya lo necesario para mantener la producción de una factoría sin que se interrumpa en ningún momento por la falta de algún suministro.

Por ese motivo, suelen estar situados muy cerca de la fábrica a la que dan servicio.

- Almacén central: suele estar ubicado en un lugar cercano al centro de fabricación, para que desde allí puedan ser derivadas fácilmente las mercancías.

- Almacén de distribución: también llamados regionales, este tipo de almacenes suelen estar ubicados en un lugar cercano al punto de consumo o cliente final, y dan cobertura a una zona geográfica específica, de manera que dentro de ella se pueda garantizar el abastecimiento y proceder a una distribución rápida de los productos.

- Almacén de tránsito: en algunos casos, por razones logísticas es preferible utilizar un almacén de tránsito, ubicado entre el almacén central y el regional, sobre todo cuando entre ambos hay una larga distancia y se necesita un punto de almacenaje provisional. Los almacenes de tránsito suelen tener un flujo constante de mercancías y no se acumulan *stocks* por mucho tiempo. Sirven de punto intermedio en el camino hacia el siguiente punto de la cadena de suministro o para facilitar el agrupamiento de mercancías que van a ser enviadas a un mismo destino. Son muy utilizados para la logística de comercio electrónico.

- Almacén temporal: como su nombre indica, son los que se utilizan para almacenar mercancía temporalmente en casos de picos de demanda. En ellos se almacena el *stock* de productos de consumo estacional o de temporada, cuya demanda sube solo en momentos puntuales.

1.4.2. Según el tipo de recinto: almacenes de interior y de exterior

En este caso nos fijamos en si el almacén está o no techado y el tipo de cerramiento que tiene la instalación.

Veremos que hay almacenes cubiertos o de interior, en los que la mercancía permanece bajo techo protegida de las inclemencias meteorológicas.

Figura 1.2. Interior de un almacén.

En los almacenes de exterior, la mercancía se almacena al aire libre, simplemente dentro de un recinto convenientemente señalizado.

Figura 1.3. Almacén exterior.

1.4.3. Según el tipo de producto

En función del producto existen los siguientes tipos:

- Almacén de materias primas: suelen estar muy cerca de los centros de producción, y es habitual que sean además almacenes de aprovisionamiento para mantener activas las líneas de producción de la industria a la que dan servicio.

- Almacén de productos terminados: son aquellos en los que se acumula el *stock* de la empresa. Es posiblemente el tipo de almacén más habitual.

- Almacén de repuestos y/o accesorios: son importantes para un buen servicio posventa, ya que en ellos se almacenan las piezas para reparaciones o averías, o para sustitución de elementos dañados o accesorios de los productos principales.

- Almacén frigorífico: los almacenes frigoríficos están diseñados para el almacenamiento de productos que requieren condiciones de temperatura controlada, como alimentos perecederos, productos farmacéuticos y productos químicos sensibles a la temperatura. Estos almacenes están equipados con sistemas de refrigeración y control de humedad para mantener las condiciones adecuadas.

1.4.4. Según el grado de automatización

Existen almacenes convencionales o con un bajo nivel de automatización, y otros que podemos llamar almacenes inteligentes, con un alto nivel de automatización.

- Almacenes convencionales: lo habitual es utilizar estanterías metálicas, con más o menos altura en función del tipo de carretillas elevadoras que se utilicen. Estas pueden ser contrapesadas o de mástil retráctil, que necesitan menos espacio para operar y alcanzan más alturas. En cualquier caso, el rango de optimización es limitado.

Figura 1.4. Almacén convencional con estanterías.

- Almacenes automatizados: utilizan tecnología avanzada, como sistemas de transporte automatizado, robots y *software* de gestión de almacenes (WMS), para agilizar y optimizar los procesos de almacenamiento y distribución. Estos sistemas permiten una mayor eficiencia operativa y una gestión más precisa del inventario. Son sistemas que aumentan la productividad, y el aprovechamiento del espacio de almacén es máximo.

Figura 1.5. Almacén con robots y estanterías dinámicas.

RESUMEN

En resumen de toda esta Unidad 1, vemos que el almacén es una parte funda-mental de la cadena de suministro, donde se lleva a cabo el almacenamiento de productos con el fin de satisfacer la demanda de los clientes.

Entre sus objetivos principales se encuentran la optimización de la disponibili-dad de productos, la reducción de costos y la mejora del servicio al cliente.

Los tipos de existencias que se pueden encontrar en un almacén incluyen ma-terias primas, productos en proceso y productos terminados, cada uno con sus propias características y necesidades de gestión. Las existencias pueden clasi-ficarse según su función (como materias primas, productos semielaborados o productos terminados) o según su naturaleza (como perecederos, no perecede-ros o de temporada).

Además, existen diferentes tipos de almacenes que se pueden utilizar depen-diendo de las necesidades específicas de la empresa, como almacenes genera-les, almacenes automatizados, almacenes frigoríficos, entre otros.

Es crucial comprender estos aspectos para diseñar y gestionar eficientemente un almacén que satisfaga las necesidades de la empresa y garantice un flujo de productos óptimo.

A C T I V I D A D E S   F I N A L E S

1.1. **¿Cuál es uno de los principales objetivos del almacén?**

a. Incrementar los costos operativos.

b. Mantener un control eficiente de las existencias.

c. Reducir el espacio de almacenamiento.

1.2. **¿Qué tipo de existencia se refiere a los productos que están listos para ser vendidos?**

a. Materias primas.

b. Productos en proceso.

c. Productos terminados.

1.3. **¿Cuál es la forma más común de clasificar las existencias según su rotación?**

a. Método ABC.

b. Método FIFO.

c. Método LIFO.

1.4. **¿Qué tipo de almacén se utiliza principalmente para almacenar materias primas?**

a. Almacén de tránsito.

b. Almacén de materias primas.

c. Almacén de productos terminados.

1.5. **¿Cuál es uno de los beneficios de un almacén automatizado?**

a. Aumenta el tiempo de procesamiento.

b. Reduce el error humano.

c. Incrementa la necesidad de personal.

1.6. **¿Cuál es una de las funciones clave de un almacén?**

a. Incrementar la producción.

b. Almacenar y conservar productos.

c. Diseñar productos nuevos.

1.7. **¿Qué tipo de existencias se encuentran en la etapa de transformación?**

a. Productos terminados.

b. Productos en proceso.

c. Materias primas.

ACTIVIDADES FINALES

1.8. **¿Qué método de clasificación de existencias se basa en el valor de los productos?**

    a. Método FIFO.

    b. Método ABC.

    c. Método LIFO.

1.9. **¿Cuál es una característica de los almacenes de distribución?**

    a. Almacenan productos para largos periodos.

    b. Facilitan el envío rápido a clientes.

    c. Almacenan exclusivamente materias primas.

1.10. **¿Qué objetivo busca mejorar la eficiencia operativa del almacén?**

    a. Incrementar el costo de almacenamiento.

    b. Optimizar el espacio de almacenamiento.

    c. Reducir la rotación de inventario.

1.11. **¿Qué tipo de existencias se mantiene en almacén para asegurar la producción continua?**

    a. Productos en proceso.

    b. Materias primas.

    c. Productos terminados.

1.12. **¿Cuál es la finalidad del método FIFO?**

    a. Almacenar los productos más caros primero.

    b. Almacenar los productos más baratos primero.

    c. Almacenar los productos más antiguos primero.

1.13. **¿Qué tipo de almacén se utiliza para almacenamiento temporal y rápido movimiento?**

    a. Almacén de materias primas.

    b. Almacén de tránsito.

    c. Almacén de productos terminados.

1.14. **¿Qué se busca evitar con una buena gestión de almacén?**

    a. Exceso de inventario.

    b. Disponibilidad de productos.

    c. Optimización del espacio.

1.15. **¿Qué tipo de existencias se consideran productos terminados?**

    a. Materias primas.

    b. Productos listos para la venta.

    c. Productos en proceso de fabricación.

ACTIVIDADES FINALES

1.16. **¿Cuál es el propósito del método ABC en la clasificación de existencias?**

   a. Clasificar productos según su tamaño.

   b. Clasificar productos según su valor.

   c. Clasificar productos según su peso.

1.17. **¿Cuál es una ventaja de tener un almacén propio en la empresa?**

   a. Mayor dependencia de terceros.

   b. Mayor control sobre el inventario.

   c. Menor flexibilidad en la gestión de existencias.

1.18. **¿Qué se entiende por existencias de seguridad?**

   a. Cantidad de productos necesarios para la producción.

   b. Cantidad de productos que cubren la demanda en casos imprevistos.

   c. Cantidad de productos listos para la venta.

1.19. **¿Qué caracteriza a los almacenes de productos terminados?**

   a. Almacenan productos en proceso de fabricación.

   b. Almacenan materias primas.

   c. Almacenan productos listos para la distribución.

1.20. **¿Qué método de gestión de existencias ayuda a reducir el envejecimiento del inventario?**

   a. Método FIFO.

   b. Método ABC.

   c. Método LIFO.

1.21. **¿Qué tipo de almacén se utiliza para productos que necesitan condiciones especiales de almacenamiento?**

   a. Almacén de tránsito.

   b. Almacén de productos terminados.

   c. Almacén especializado.

1.22. **¿Cuál es una de las metas de un almacén eficiente?**

   a. Aumentar el tiempo de procesamiento de pedidos.

   b. Reducir los costos operativos.

   c. Incrementar la cantidad de productos defectuosos.

1.23. **¿Qué tipo de existencia se refiere a productos que aún no están listos para la venta pero que están en proceso de producción?**

   a. Materias primas.

   b. Productos terminados.

   c. Productos en proceso.

ACTIVIDADES FINALES

1.24. **¿Cuál es la importancia de clasificar las existencias en un almacén?**

    a. Aumentar el espacio de almacenamiento.

    b. Facilitar el control y la gestión de inventarios.

    c. Reducir el número de trabajadores necesarios.

1.25. **¿Qué tipo de almacén se utiliza para el almacenamiento de productos que tienen un movimiento rápido y continuo?**

    a. Almacén de materias primas.

    b. Almacén de productos terminados.

    c. Almacén de tránsito.

Zonas comunes en un almacén

Este módulo abarca los procesos esenciales en la recepción y distribución de mercancías en un almacén. Comienza con la inspección en recepción, asegurando la calidad y cantidad de los productos recibidos. Luego, se detalla la clasificación de los productos que se van a almacenar, fundamental para una gestión eficiente y organizada del inventario.

Contenido

En un almacén, existen diferentes áreas designadas para funciones específicas que contribuyen al flujo eficiente de productos y al mantenimiento de un ambiente seguro. Estas zonas comunes son fundamentales para la gestión adecuada de inventarios y la operatividad general del almacén.

2.1. Muelles de entrada

Los muelles de entrada son áreas donde se reciben las mercancías que llegan al almacén desde proveedores externos. Es el punto de entrada de los productos al sistema de almacenamiento de la empresa. En los muelles de entrada, se realizan actividades como la descarga de camiones, la verificación de la mercancía recibida y el registro de entrada en el sistema de gestión de almacenes.

Los camiones al llegar al centro logístico preguntan por la asignación del muelle de descarga que les han asignado; al llegar allí, aculan su camión acercando este hasta el abrigo. Cuando el camión está perfectamente encajado en el muelle, desde dentro proceden a sacar la mercancía.

Figura 2.1. Muelles.

2.2. Zona de protección

La zona de protección es un área destinada a garantizar la seguridad tanto de los productos como del personal que trabaja en el almacén. En esta zona se implementan medidas de seguridad, como señalización de áreas peligrosas, delimitación de zonas

de circulación y uso de equipos de protección individual (EPI). También puede incluir áreas designadas para el almacenamiento de materiales inflamables o peligrosos, con medidas adicionales de seguridad.

Figura 2.2. Protección del pasillo de peatones.

2.3. Zonas de almacenamiento

Las zonas de almacenamiento son espacios destinados al almacenamiento ordenado y organizado de productos dentro del almacén. Estas zonas pueden incluir estanterías, *racks*, áreas de almacenamiento a granel o cualquier otro sistema de almacenamiento adecuado para las necesidades específicas de la empresa. Es importante mantener un diseño eficiente de las zonas de almacenamiento para facilitar el acceso a los productos y optimizar el espacio disponible.

Entre las zonas de almacenamiento, podemos encontrar lugares con una protección extra para almacenar productos peligrosos. Las características de estos productos requieren estar totalmente aislados de otros y tener medidas de seguridad y extinción de incendios más especiales y reforzadas.

Figura 2.3. Estanterías.

2.4. Zonas de expedición

Las zonas de expedición son áreas donde se preparan y envían los productos desde el almacén hacia clientes externos o puntos de venta. En estas zonas se realizan actividades como el *picking* de productos, el embalaje, el etiquetado y la carga de los productos de trabajo en las zonas de expedición para garantizar la precisión y la rapidez en el proceso de despacho de pedidos en los vehículos de transporte. Es fundamental asegurar una correcta organización y flujo de trabajo para no cometer ningún error de calidad en todas las fases del proceso.

Figura 2.4. Playas de expedición.

2.5. Muelles de salida

Los muelles de salida son áreas desde las cuales se envían los productos fuera del almacén hacia su destino final. Estos muelles suelen estar ubicados cerca de las zonas de expedición para facilitar la carga de los productos en los vehículos de transporte. En los muelles de salida, se realizan actividades como la carga de camiones, la verificación de la documentación de envío y la coordinación de la salida de los productos.

Figura 2.5. Interior de un camión.

Los muelles de salida son el punto de carga de mercancías en el almacén. Aquí es donde los camiones y vehículos de transporte cargan los productos preparados para su envío. Al igual que en los muelles de entrada, es importante contar con una infraestructura adecuada para facilitar la carga de mercancías de forma segura y eficiente. Una vez cargadas, las mercancías están listas para ser transportadas hacia su destino final.

RESUMEN

En un almacén, las zonas comunes desempeñan funciones específicas para garantizar la eficiencia y la seguridad en el manejo de las mercancías.

Estas zonas comunes son fundamentales para garantizar un flujo de mercancías ordenado y seguro dentro del almacén, contribuyendo así a la eficiencia operativa y logística de la instalación. Por esta razón, todas ellas deben estar muy bien señalizadas y ser conocidas por toda la plantilla de empleados para coordinar perfectamente el engranaje de todas ellas optimizando los movimientos.

ACTIVIDADES FINALES

REPASO

2.1. **¿Qué es la logística integral en una empresa?**

a. Un sistema para gestionar solo el inventario.

b. Un enfoque para optimizar todas las actividades de la cadena de suministro.

c. Una técnica de *marketing* para atraer clientes.

2.2. **¿Por qué es importante estratégicamente el almacén?**

a. Porque ocupa espacio en la empresa.

b. Porque es un centro de control de inventarios y flujo de mercancías.

c. Porque permite almacenar productos defectuosos.

2.3. **¿Cuál es la principal función de un almacén?**

a. Producir bienes y servicios.

b. Almacenar y gestionar inventarios.

c. Vender productos a clientes.

2.4. **¿Cuál de las siguientes no es una zona típica en un almacén?**

a. Zona de servicios.

b. Zona de recreo.

c. Zona de *stock* y reserva.

2.5. **¿Qué es un diseño eficiente de almacenes?**

a. Un diseño que utiliza el máximo espacio posible sin considerar el flujo de trabajo.

b. Un diseño que optimiza el espacio y mejora el flujo de trabajo.

c. Un diseño que minimiza el espacio de almacenamiento.

2.6. **¿Qué se almacena en la zona de *stock* y reserva?**

a. Productos defectuosos.

b. Productos listos para la venta.

c. Productos en espera de ser inspeccionados.

2.7. **¿Cuál es la función de la zona de preparación de pedidos?**

a. Almacenar productos devueltos.

b. Organizar y preparar los productos para su envío.

c. Almacenar materias primas.

A C T I V I D A D E S   F I N A L E S

2.8. **¿Qué caracteriza a la zona de recepción y control?**

a. Se utiliza para actividades administrativas.

b. Se usa para la recepción e inspección de mercancías entrantes.

c. Se dedica al almacenamiento a largo plazo.

2.9. **¿Qué se hace en la zona de devoluciones?**

a. Se procesan los productos devueltos por los clientes.

b. Se almacenan los productos listos para la venta.

c. Se organizan las salidas de productos.

2.10. **¿Qué se almacena en la zona de salidas y verificaciones?**

a. Productos defectuosos.

b. Productos listos para ser enviados a los clientes.

c. Materias primas.

2.11. **¿Por qué es importante la zona de oficinas y servicios en un almacén?**

a. Para almacenamiento adicional.

b. Para realizar tareas administrativas y de gestión.

c. Para la producción de bienes.

2.12. **¿Qué determina la capacidad de un almacén?**

a. El número de empleados.

b. El tamaño y diseño del almacén.

c. La cantidad de productos defectuosos.

2.13. **¿Cuál de los siguientes no es un tipo de forma de almacenamiento?**

a. Estanterías.

b. Camiones de distribución.

c. *Racks*.

2.14. **¿Qué es el equipamiento de almacenes?**

a. Solo incluye estanterías.

b. Incluye una variedad de herramientas y maquinaria para facilitar las operaciones.

c. Se refiere únicamente a carretillas elevadoras.

2.15. **¿Qué son los elementos de manipulación y transporte interno?**

a. Herramientas que se utilizan fuera del almacén.

b. Equipos utilizados para mover y manejar productos dentro del almacén.

c. Sistemas de gestión de inventarios.

A C T I V I D A D E S   F I N A L E S

2.16. **¿Cuál es una ventaja del uso de equipos de manipulación automatizados?**

a. Reducen el espacio de almacenamiento.

b. Aumentan la eficiencia y reducen los errores.

c. Incrementan el número de empleados necesarios.

2.17. **¿Qué es un transelevador?**

a. Un tipo de carretilla manual.

b. Un equipo automatizado para almacenar y recuperar productos en estanterías altas.

c. Un sistema de transporte externo.

2.18. **¿Cuál es la función principal de las carretillas elevadoras?**

a. Transportar productos fuera del almacén.

b. Levantar y mover cargas pesadas dentro del almacén.

c. Gestionar el inventario.

2.19. **¿Por qué es importante la identificación automática en los almacenes?**

a. Para incrementar los costos operativos.

b. Para mejorar la precisión y eficiencia en el manejo de inventarios.

c. Para reducir la necesidad de equipo automatizado.

2.20. **¿Qué es un sistema de gestión de almacenes (WMS)?**

a. Un *software* utilizado para gestionar las operaciones de almacenamiento.

b. Un tipo de carretilla elevadora.

c. Una herramienta de *marketing*.

2.21. **¿Cuál es el propósito de los informes y estadísticas en la gestión de almacenes?**

a. Reducir el número de empleados.

b. Analizar y mejorar la eficiencia operativa.

c. Almacenar productos defectuosos.

2.22. **¿Qué tecnología se utiliza comúnmente para la identificación automática de productos?**

a. RFID y códigos de barras.

b. Máquinas de escribir.

c. Teléfonos móviles.

2.23. **¿Cuál es una desventaja de no tener un sistema de gestión de inventarios?**

a. Aumento de la precisión en la gestión de inventarios.

b. Incremento de costos y errores operativos.

c. Reducción de la necesidad de espacio de almacenamiento.

ACTIVIDADES FINALES

2.24. **¿Por qué es importante la zona de recepción y control en un almacén?**

    a. Para almacenar productos a largo plazo.

    b. Para inspeccionar y verificar la calidad de las mercancías entrantes.

    c. Para actividades de *marketing*.

2.25. **¿Qué se debe considerar al diseñar la estructura de un almacén?**

    a. Solo el costo de construcción.

    b. La eficiencia operativa y el flujo de trabajo.

    c. El color de las paredes.

El diseño de la distribución de la planta (*layout*)

En esta Unidad 3, se explora el diseño de la distribución de la planta, también conocido como *layout*. Se discuten las metas que hay que conseguir con un buen diseño, como la maximización del espacio, la eficiencia operativa y la seguridad. Se proporcionan estrategias y consideraciones para lograr un *layout* óptimo.

Contenido

El diseño de la distribución de todo un almacén, también conocido como *layout*, es un aspecto fundamental en la planificación y organización de un almacén o cualquier instalación industrial. Consiste en la disposición estratégica de las áreas de trabajo, maquinaria, equipos y recursos dentro de la planta con el objetivo de maximizar la eficiencia operativa y minimizar los costos.

3.1. El diseño de la distribución de la planta (*layout*)

El diseño de la distribución de la planta implica tomar decisiones sobre la disposición física de todos los elementos que componen la instalación. Esto incluye la ubicación de las zonas de recepción y expedición, las áreas de almacenamiento, los pasillos de circulación, las estaciones de trabajo y la maquinaria necesaria para llevar a cabo las operaciones.

Aspectos que se deben considerar en el diseño del *layout*:

- Flujo de productos: el *layout* debe facilitar un flujo de productos eficiente, minimizando los movimientos innecesarios y optimizando la secuencia de operaciones.

- Accesibilidad: es importante asegurar que todas las áreas de la planta sean fácilmente accesibles para el personal y los equipos de manejo de materiales.

- Seguridad: el diseño del *layout* debe cumplir con las normativas de seguridad laboral y garantizar un entorno de trabajo seguro para todos los empleados.

- Flexibilidad: la distribución de la planta debe ser lo suficientemente flexible para adaptarse a cambios en la demanda, nuevas tecnologías o modificaciones en los procesos de producción.

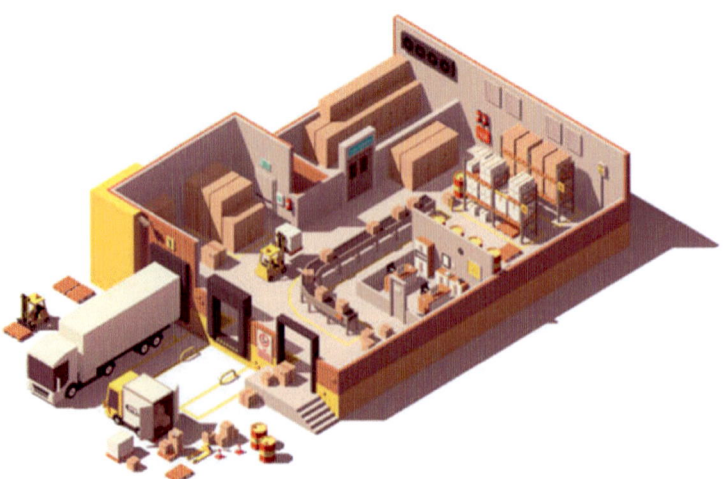

Figura 3.1. *Layout* 3D de un almacén.

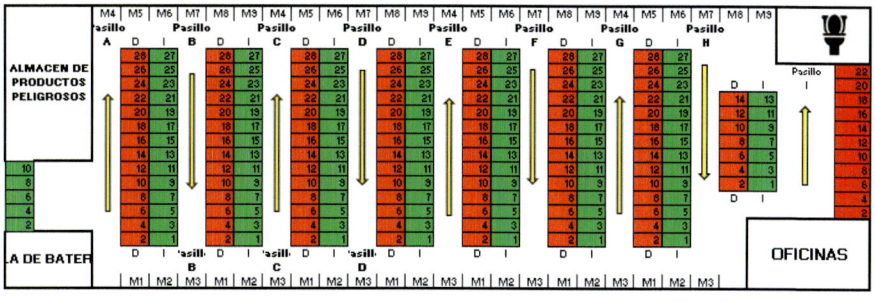

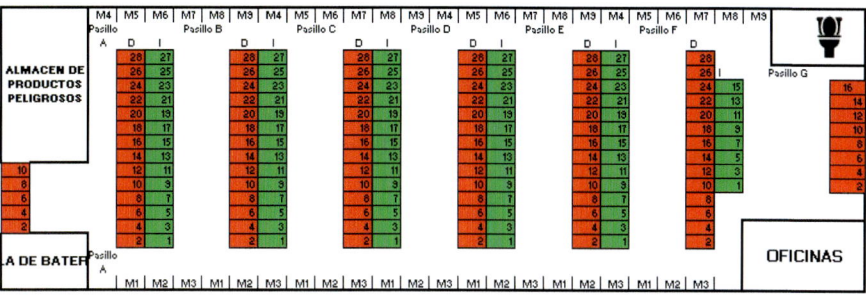

Figura 3.2. *Layout* de un almacén.

3.2. Metas que hay que conseguir

Al diseñar la distribución de la planta, es importante establecer metas claras que guíen el proceso de diseño y ayuden a alcanzar los objetivos operativos de la instalación. Algunas de las metas comunes que se busca conseguir incluyen:

- Optimización del espacio: utilizar de manera eficiente el espacio disponible para maximizar la capacidad de almacenamiento y producción.

- Reducción de costos: minimizar los costos operativos y de transporte mediante una distribución de la planta que permita una mayor eficiencia en los procesos.

- Mejora de la productividad: aumentar la productividad y la eficiencia de los empleados y equipos mediante una distribución que facilite el flujo de trabajo y reduzca los tiempos de inactividad.

- Mejora de la calidad: garantizar la calidad de los productos y servicios mediante un diseño de planta que minimice los errores y optimice los procesos de control de calidad.

- Proyectar los objetivos de la compañía al tipo de actividad: tener en cuenta si en un futuro cercano se va a necesitar espacio para automatizar, incluir una máquina, cambiar de tipo de estanterías o incluir un negocio nuevo que exija otro tipo de espacio libre.

RESUMEN

El diseño de la distribución de la planta (*layout*) es un aspecto crucial en la gestión eficiente de un almacén. En esta unidad, se aborda la importancia de diseñar una distribución de planta que optimice el flujo de materiales y minimice los tiempos y costos de operación.

Se explican diferentes enfoques y técnicas para el diseño de la distribución de planta, incluyendo el diseño por proceso, por producto, por posición fija y por células de fabricación. Cada enfoque tiene sus propias ventajas y desventajas, y la elección del diseño adecuado depende de factores como el tipo de producto, el volumen de producción y los requisitos de espacio.

Además, se establecen las metas que se deben alcanzar con el diseño de la distribución de planta, como la maximización del espacio disponible, la minimización de los desplazamientos de materiales y trabajadores, la optimización del flujo de trabajo y la mejora de la productividad y la eficiencia operativa.

Al comprender y aplicar adecuadamente estos principios y técnicas de diseño de distribución de planta, se puede crear un entorno de trabajo que facilite las operaciones logísticas y contribuya al éxito a largo plazo del almacén.

ACTIVIDADES FINALES

3.1. **¿Qué es el diseño de la distribución de la planta (*layout*)?**

    a. El diseño de los productos que se fabrican en la planta.

    b. La disposición física de los recursos en una planta para optimizar el flujo de trabajo.

    c. La planificación de las ventas y *marketing* de los productos.

3.2. **¿Cuál es el objetivo principal del *layout* en una planta de producción?**

    a. Reducir el número de empleados.

    b. Optimizar el flujo de trabajo y minimizar los tiempos de desplazamiento.

    c. Aumentar el espacio de almacenamiento.

3.3. **¿Qué se considera en el diseño del *layout* de una planta?**

    a. Solo el costo de construcción.

    b. La eficiencia operativa, el flujo de trabajo y la seguridad.

    c. El color de las paredes y la decoración.

3.4. **¿Cuál es una de las principales metas del diseño del *layout*?**

    a. Aumentar los tiempos de desplazamiento de los empleados.

    b. Reducir los costos de operación.

    c. Incrementar la cantidad de productos defectuosos.

3.5. **¿Qué beneficio ofrece un *layout* bien diseñado?**

    a. Mayor complejidad en la gestión de inventarios.

    b. Mejor utilización del espacio y mayor eficiencia operativa.

    c. Menor seguridad para los empleados.

3.6. **¿Cuál de las siguientes es una consideración clave al diseñar el *layout* de una planta?**

    a. El número de empleados necesarios.

    b. La disposición de los equipos y estaciones de trabajo.

    c. El tamaño de los productos fabricados.

3.7. **¿Qué impacto tiene un *layout* eficiente en la seguridad de la planta?**

    a. Aumenta los riesgos de accidentes.

    b. Mejora la seguridad al reducir puntos de congestión y peligros.

    c. No tiene ningún impacto en la seguridad.

ACTIVIDADES FINALES

3.8. **¿Cuál es una meta importante al diseñar el *layout* de una planta?**

   a. Incrementar los tiempos de inactividad.

   b. Facilitar el mantenimiento y la limpieza de la planta.

   c. Aumentar la distancia entre las estaciones de trabajo.

3.9. **¿Qué factor es crucial para la eficiencia del *layout* en una planta de producción?**

   a. La altura del techo de la planta.

   b. La secuencia lógica de las operaciones de producción.

   c. La decoración de las oficinas administrativas.

3.10. **¿Cuál es el resultado de una mala distribución de la planta?**

   a. Mayor eficiencia y productividad.

   b. Incremento en los costos operativos y tiempos de producción.

   c. Mejora en la calidad de los productos.

3.11. **¿Qué es una distribución por proceso?**

   a. Una disposición en la que los equipos se agrupan por tipo de proceso que realizan.

   b. Una disposición en la que todos los equipos están en una sola línea.

   c. Una disposición basada en la secuencia de operaciones del producto.

3.12. **¿Qué es una distribución por producto?**

   a. Una disposición donde los equipos se organizan según la secuencia de operaciones de fabricación de un producto.

   b. Una disposición en la que los equipos se agrupan por tipo de proceso que realizan.

   c. Una disposición basada en las necesidades de los empleados.

3.13. **¿Cuál es la meta principal de una distribución en planta eficiente?**

   a. Incrementar la distancia entre las estaciones de trabajo.

   b. Reducir los tiempos de desplazamiento y mejorar el flujo de materiales.

   c. Aumentar la cantidad de espacio no utilizado.

3.14. **¿Qué se logra con una buena distribución de la planta?**

   a. Mayor confusión y desorganización.

   b. Mejor flujo de materiales y productos, y mayor eficiencia.

   c. Mayor costo de operación.

3.15. **¿Qué papel juega la flexibilidad en el diseño del *layout*?**

   a. Permite adaptarse a cambios en la demanda y en los procesos productivos.

   b. Incrementa la rigidez del flujo de trabajo.

   c. Disminuye la capacidad de respuesta ante cambios.

ACTIVIDADES FINALES

3.16. **¿Qué es una distribución en planta fija?**

a. Donde el producto permanece en una ubicación y los recursos se mueven hacia él.

b. Donde los empleados permanecen fijos y los productos se mueven hacia ellos.

c. Donde todos los equipos se agrupan en un solo lugar.

3.17. **¿Cuál es una ventaja de la distribución en planta por célula?**

a. Reduce la eficiencia operativa.

b. Facilita la producción de lotes pequeños y variados.

c. Incrementa los costos de producción.

3.18. **¿Qué es una distribución en planta híbrida?**

a. Una combinación de distribuciones por producto y por proceso.

b. Una distribución que no sigue ninguna lógica.

c. Una distribución utilizada solo en industrias de servicio.

3.19. **¿Qué factor no afecta el diseño del *layout*?**

a. El tipo de producto fabricado.

b. Las regulaciones de seguridad.

c. El clima externo de la planta.

3.20. **¿Cuál es una meta secundaria del diseño del *layout*?**

a. Minimizar la satisfacción de los empleados.

b. Mejorar la moral y productividad de los empleados.

c. Aumentar los costos de mantenimiento.

3.21. **¿Qué considera un *layout* flexible?**

a. Solo la disposición de los equipos.

b. La capacidad de reconfiguración para adaptarse a nuevos procesos y productos.

c. Solo la ubicación de las oficinas administrativas.

3.22. **¿Cuál es el objetivo de reducir los tiempos de desplazamiento en un *layout*?**

a. Incrementar los costos de producción.

b. Mejorar la eficiencia y productividad.

c. Aumentar los tiempos de entrega.

3.23. **¿Qué es una distribución en planta en U?**

a. Una disposición que permite un flujo continuo de materiales en forma de U.

b. Una disposición donde los empleados se colocan en filas.

c. Una disposición utilizada solo en almacenes.

ACTIVIDADES FINALES

3.24. **¿Qué beneficio proporciona la distribución en planta por proceso?**

    a. Aumenta los tiempos de espera entre procesos.

    b. Facilita la especialización y flexibilidad en la producción.

    c. Incrementa la distancia de desplazamiento de materiales.

3.25. **¿Qué es una distribución en planta lineal?**

    a. Una disposición en la que los equipos se organizan en línea recta según la secuencia de operaciones.

    b. Una disposición donde los equipos se agrupan por tipo de proceso.

    c. Una disposición sin ningún orden específico.

4

Los equipos mecánicos que se utilizan en el almacén

Esta unidad se enfoca en los equipos mecánicos esenciales para las operaciones del almacén. Se cubren los diferentes tipos de transporte, incluyendo el transporte horizontal, vertical y mixto. También se analiza la carga, descarga y posicionamiento (*handling*) de productos, destacando las herramientas y maquinarias más efectivas.

En un almacén, el uso de equipos mecánicos es esencial para facilitar el movimiento, la manipulación y el almacenamiento de mercancías de manera eficiente y segura. Estos equipos permiten optimizar los procesos logísticos y maximizar la productividad del almacén.

A continuación, se detallan los principales tipos de equipos mecánicos utilizados en un almacén.

4.1. Transporte horizontal

Los equipos de transporte horizontal se utilizan para mover mercancías de un punto a otro dentro del almacén a lo largo de una superficie plana.

Algunos ejemplos comunes de equipos de transporte horizontal son:

- Cintas transportadoras: sistemas de transporte continuo que utilizan una cinta móvil para mover mercancías de forma automática.

  Las hay de muchos tipos: motorizadas, por gravedad, de rodillos, de rodamientos, de bandas de goma, etc. Se usan en multitud de tareas de almacén. Desde el *picking* a la descarga de camiones, las cintas transportadoras ahorran esfuerzos y tiempos de desplazamiento.

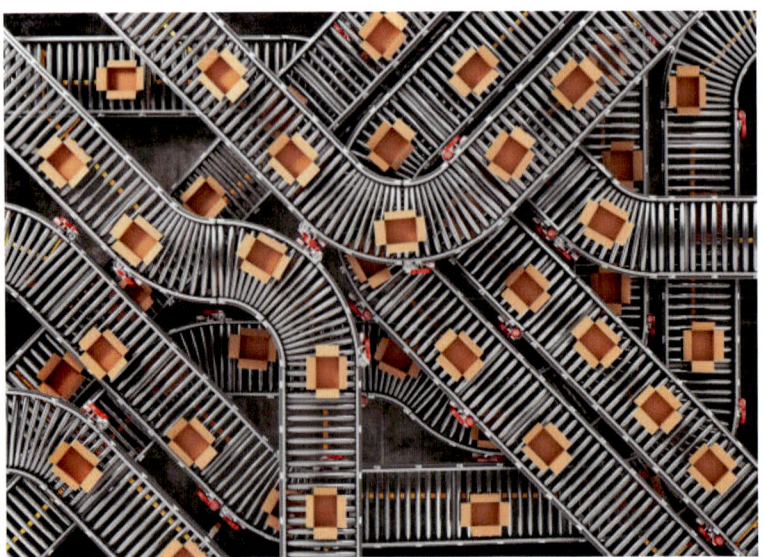

Figura 4.1. Rodillo.

- Transportadores de rodillos: sistemas de rodillos motorizados o gravitatorios que permiten el movimiento de mercancías mediante el desplazamiento sobre rodillos.

■ Carretillas elevadoras: equipos de manejo de materiales que permiten levantar y transportar cargas paletizadas o a granel utilizando horquillas ajustables.

Figura 4.2. Carretilla elevadora.

4.2. Transporte vertical

Los equipos de transporte vertical se utilizan para mover mercancías de un nivel a otro dentro del almacén mediante elevación vertical. Algunos ejemplos de equipos de transporte vertical son:

■ Montacargas: equipos diseñados para transportar cargas entre diferentes niveles del almacén, utilizando un sistema de elevación vertical.

■ Ascensores de carga: dispositivos que permiten el transporte vertical de mercancías mediante una plataforma o cabina que se desplaza entre pisos.

Figura 4.3. Montacargas cerrado y abierto.

4.3. Transporte mixto

Los equipos de transporte mixto combinan funciones de transporte horizontal y vertical para permitir el movimiento de mercancías en múltiples direcciones y niveles dentro del almacén. Algunos ejemplos de equipos de transporte mixto son:

■ Transelevadores: equipos automatizados que combinan funciones de transporte horizontal y vertical para el almacenamiento y recuperación automatizados de mercancías en estanterías o *racks*. Los transelevadores son máquinas capaces de circular por los pasillos de los almacenes, seleccionar un palé o una caja y trasladarla a la zona de embalaje o expedición, o bien llevar desde la entrada hasta sus ubicaciones los productos que se van a almacenar. Están dirigidos por un SGA.

Convierten al almacén en un almacén más automatizado. Se suele usar la palabra *silos* o la expresión *silos automáticos* para designarlos.

Se desplazan sobre raíles en el suelo y pueden ser de gran altura tanto en el suelo como en el techo.

Figura 4.4. Transelevador.

■ Sistemas de transporte automatizado: sistemas integrados de transporte que utilizan tecnología automatizada, como AGV (vehículos guiados automáticamente) o sistemas de transporte de palés, para mover mercancías de manera eficiente y sin intervención humana.

Figura 4.5. AGV.

4.4. Carga, descarga y posicionamiento (*handling*)

Los equipos de carga, descarga y posicionamiento, también conocidos como equipos de manipulación de materiales o *handling*, se utilizan para cargar, descargar y posicionar mercancías en el almacén.

Algunos ejemplos de equipos de *handling* son:

- Grúas: equipos de elevación que utilizan un brazo o un gancho para levantar y mover cargas pesadas de un lugar a otro.

Figura 4.6. Grúa.

■ Manipuladores de palés: equipos diseñados para levantar, transportar y posicionar palés de manera eficiente, utilizando sistemas de pinzas, horquillas u otros dispositivos de sujeción.

Figura 4.7. Manipulador.

■ Sistemas de posicionamiento automático: equipos automatizados que utilizan tecnología de visión artificial o sistemas de control numérico para posicionar y colocar mercancías de manera precisa y eficiente en el almacén.

Figura 4.8. Posicionamiento con IA.

Estos equipos mecánicos son fundamentales para optimizar los procesos de manipulación, almacenamiento y transporte de mercancías en un almacén, contribuyendo así a mejorar la eficiencia operativa y la productividad de la instalación.

Es importante seleccionar y utilizar los equipos adecuados de acuerdo con las necesidades específicas del almacén y los tipos de mercancías que se manejan.

RESUMEN

Este apartado se centra en los equipos mecánicos esenciales para las operaciones de almacenaje y logística.

Se explica y detalla sobre el transporte horizontal, donde se exploran diferentes equipos como las cintas transportadoras, los transportadores de rodillos y las carretillas elevadoras. Estos equipos son fundamentales para mover productos de un punto a otro dentro del almacén de manera eficiente y segura. Luego, se aborda el transporte vertical, que incluye equipos como montacargas y ascensores industriales, que son utilizados para mover productos entre diferentes niveles del almacén. A continuación, se explica el transporte mixto, que combina elementos del transporte horizontal y vertical para satisfacer necesidades específicas de almacenamiento y distribución.

Por último, se analiza el proceso de carga, descarga y posicionamiento, conocido como *handling*, que involucra una variedad de equipos como grúas, apiladores y sistemas automatizados para manipular y colocar productos en el almacén de manera eficiente.

En conjunto, estos equipos mecánicos son fundamentales para optimizar las operaciones en el almacén, garantizando un flujo continuo de productos y una gestión eficiente de inventario.

ACTIVIDADES FINALES

4.1. ¿Qué se entiende por transporte horizontal en un almacén?

    a. El movimiento de materiales hacia arriba y hacia abajo.

    b. El movimiento de materiales en un plano horizontal dentro del almacén.

    c. El almacenamiento de materiales en estanterías.

4.2. ¿Cuál es un ejemplo de equipo de transporte horizontal?

    a. Montacargas.

    b. Carretilla elevadora.

    c. Grúa.

4.3. ¿Qué se entiende por transporte vertical en un almacén?

    a. El movimiento de materiales en un plano horizontal.

    b. El movimiento de materiales hacia arriba y hacia abajo.

    c. El almacenamiento de materiales en el suelo.

4.4. ¿Cuál es un ejemplo de equipo de transporte vertical?

    a. Cinta transportadora.

    b. Carretilla manual.

    c. Elevador de tijera.

4.5. ¿Qué es el transporte mixto en un almacén?

    a. La combinación de transporte manual y mecánico.

    b. La combinación de transporte horizontal y vertical.

    c. El transporte de materiales fuera del almacén.

4.6. ¿Cuál es un ejemplo de equipo de transporte mixto?

    a. Carretilla elevadora.

    b. Transelevador.

    c. Apilador.

4.7. ¿Qué se refiere con carga y descarga en el contexto de almacén?

    a. El proceso de mover materiales dentro del almacén.

    b. El proceso de mover materiales fuera del almacén.

    c. El proceso de cargar y descargar materiales de vehículos de transporte.

ACTIVIDADES FINALES

4.8. **¿Qué equipo se utiliza comúnmente para la carga y descarga de mercancías?**

    a. Montacargas.

    b. Elevador de tijera.

    c. Cinta transportadora.

4.9. ¿Qué es el posicionamiento (*handling*) en el contexto de almacén?

    a. El almacenamiento de materiales en estanterías.

    b. El proceso de mover y colocar materiales en la ubicación adecuada.

    c. El proceso de empaquetar materiales para su envío.

4.10. ¿Cuál de los siguientes es un equipo utilizado para el posicionamiento de materiales?

    a. Carretilla manual.

    b. Robot de *picking*.

    c. Cinta transportadora.

4.11. ¿Qué ventaja ofrece el transporte horizontal eficiente?

    a. Reducción en los costos de almacenamiento.

    b. Mejora en el flujo de materiales y reducción en el tiempo de transporte.

    c. Aumento en los tiempos de inactividad.

4.12. ¿Qué beneficio proporciona el transporte vertical en un almacén?

    a. Aumento de la capacidad de almacenamiento en altura.

    b. Reducción en el espacio de piso utilizado.

    c. Mejora en la seguridad de los empleados.

4.13. ¿Qué caracteriza al transporte mixto en términos de eficiencia?

    a. Permite el movimiento de materiales en múltiples direcciones.

    b. Reduce la necesidad de equipos de manejo manual.

    c. Incrementa la complejidad de las operaciones de almacén.

4.14. ¿Cuál es el propósito principal del equipo de carga y descarga?

    a. Almacenar materiales a largo plazo.

    b. Facilitar el movimiento de materiales desde y hacia vehículos de transporte.

    c. Clasificar materiales dentro del almacén.

4.15. ¿Qué equipo es crucial para la carga de mercancías pesadas en camiones?

    a. Carretilla manual.

    b. Montacargas.

    c. Transelevador.

ACTIVIDADES FINALES

4.16. **¿Qué función tiene un robot de *picking* en el almacén?**

    a. Mover materiales horizontalmente.

    b. Automatizar la selección y colocación de productos.

    c. Elevar materiales a diferentes niveles.

4.17. **¿Cuál es una ventaja del uso de transelevadores en el almacén?**

    a. Aumenta el espacio de almacenamiento en el suelo.

    b. Permite un acceso rápido y eficiente a los materiales almacenados en altura.

    c. Reduce la necesidad de transporte horizontal.

4.18. **¿Qué equipo es esencial para transportar palés a diferentes niveles de un almacén?**

    a. Apilador.

    b. Elevador de tijera.

    c. Carretilla manual.

4.19. **¿Qué característica es importante en los equipos de transporte horizontal?**

    a. Capacidad de cargar y descargar materiales pesados.

    b. Velocidad y eficiencia en el movimiento de materiales en línea recta.

    c. Capacidad de elevar materiales a gran altura.

4.20. **¿Qué se debe considerar al elegir un equipo de transporte vertical?**

    a. La capacidad de almacenamiento en el suelo.

    b. La altura máxima de elevación y la capacidad de carga.

    c. El costo de operación y mantenimiento.

4.21. **¿Qué ventaja tiene la utilización de sistemas de transporte mixto?**

    a. Aumenta la dependencia de equipos manuales.

    b. Mejora la flexibilidad en el movimiento de materiales.

    c. Disminuye la eficiencia operativa.

4.22. **¿Cuál es una característica de los apiladores?**

    a. Son utilizados para el transporte horizontal de materiales.

    b. Permiten levantar y mover palés a diferentes niveles de almacenamiento.

    c. Son ideales para el almacenamiento de materiales pequeños.

4.23. **¿Qué beneficio ofrece el uso de cintas transportadoras en el almacén?**

    a. Facilitan el movimiento continuo de materiales en un plano horizontal.

    b. Incrementan el tiempo de transporte.

    c. Son utilizadas exclusivamente para la carga de camiones.

ACTIVIDADES FINALES

4.24. **¿Qué equipo se utiliza comúnmente en el posicionamiento de mercancías en estanterías altas?**

   a. Montacargas.

   b. Elevador de tijera.

   c. Transelevador.

4.25. **¿Cuál es una ventaja de los montacargas en el manejo de materiales?**

   a. Aumentan el espacio de almacenamiento en altura.

   b. Facilitan el movimiento y posicionamiento de mercancías pesadas.

   c. Reducen la necesidad de transporte vertical.

Últimas técnicas de almacenaje, *stocks* y envíos en general

Esta Unidad 5 abarca las técnicas más recientes en almacenamiento, gestión de *stocks* y envíos. Se describen los sistemas logísticos modernos, los procesos de recepción y distribución de mercancías, así como los de reaprovisionamiento y gestión de *stocks*. Además, se explican los procesos de preparación de pedidos, distribución y los costos asociados al almacenamiento.

En un entorno empresarial en constante evolución, es fundamental estar al tanto de las últimas técnicas y tendencias en almacenaje, gestión de *stocks* y procesos de envío para mantener la competitividad y la eficiencia en la cadena de suministro.

En esta unidad, exploraremos algunas de estas técnicas y procesos más recientes.

5.1. Sistema logístico

El sistema logístico engloba todas las actividades relacionadas con la gestión de la cadena de suministro, desde la adquisición de materias primas hasta la entrega de productos terminados al cliente final. Las últimas tendencias en sistemas logísticos incluyen:

- Logística 4.0: la cuarta revolución industrial.

  La industria 4.0 es, esencialmente, la relación que existe entre las áreas de producción y otros conceptos tecnológicos como comunicación M2M (entre máquinas), tecnología RFID (identificación por radiofrecuencia), CPD (centro de proceso de datos), IoT (Internet de las cosas), *cloud computing* (Wang, 2016), inteligencia artificial (IA) y *big data* en los procesos logísticos para mejorar la visibilidad, la eficiencia y la toma de decisiones.

Figura 5.1. Industria 4.0.

- Logística inversa: enfoque en la gestión eficiente de devoluciones y reciclaje de productos para reducir residuos y mejorar la sostenibilidad ambiental.

  La logística inversa comienza en el consumidor final, moviéndose hacia atrás a través de la cadena de suministro hasta el distribuidor o desde el distribuidor hasta el fabricante. La logística inversa también puede incluir procesos en los que el consumidor final se encarga de la eliminación del producto, incluido el reciclaje, la restauración o la reventa.

Tipos de logística inversa:

— Gestión de devoluciones: este proceso se focaliza en las devoluciones de productos de los clientes o en evitar devoluciones en primer lugar. Estas actividades deben ser rápidas, controlables, visibles y directas. Los clientes juzgan a una empresa por su flujo de devoluciones y sus políticas de devolución.

— Refabricación o reacondicionamiento: otro tipo de gestión de logística inversa incluye la refabricación, restauración y reacondicionamiento. Estas actividades reparan, reconstruyen y reprocesan productos.

— Gestión de embalajes: este tipo de logística inversa se centra en la reutilización de los materiales de embalaje para reducir los residuos y la eliminación.

— Productos no vendidos: la logística inversa para bienes no vendidos maneja las devoluciones de los minoristas a los fabricantes o distribuidores. Este tipo de devoluciones puede deberse a malas ventas, demasiado *stock* o rechazo de entrega.

— Fin de vida útil (*End of life*, o EOL, en inglés): cuando un producto está en EOL, ya no es útil o no funciona. Es posible que el cliente desee reemplazarlo por una versión mejor y más nueva. Los fabricantes a menudo reciclan o desechan productos que están al final de su vida útil. Estos bienes pueden crear desafíos ambientales para los fabricantes.

— Producto no entregado: los conductores devuelven los productos a los centros de clasificación. Desde allí, los centros de clasificación devuelven los productos a su punto de origen.

Las organizaciones utilizan la logística inversa cuando los bienes se mueven desde su destino a través de la cadena de suministro hasta el vendedor y, potencialmente, de regreso a los proveedores. El objetivo es recuperar el valor del producto o deshacerse de él.

5.2. Procesos de recepción y distribución de mercancías

Los procesos de recepción y distribución de mercancías son fundamentales para garantizar una gestión eficiente del inventario y una rápida respuesta a la demanda del mercado.

La recepción de mercancías es una de las operativas más importantes del almacén, ya que es la que inicia el flujo de materiales. Mal gestionada, puede ser el punto de partida de muchos errores que luego afloran en el inventario y que limitan la productividad de la instalación.

Organizar con tino la recepción de mercancías es clave para conseguir un almacén eficiente y contener los costes operacionales. Para ello, es interesante conocer las tareas que engloban este proceso, su alcance y qué estrategias se deben llevar a cabo para mejorarlas. Se trata de un proceso que implica múltiples tareas relacionadas que podemos agrupar en cuatro grandes bloques.

5.2.1. Planificación e información

Planificar las llegadas de mercancía es fundamental para que no se produzcan cuellos de botella en los muelles del almacén. El proceso de recepción de mercancías se ve determinado, en parte, por una correcta coordinación de la cadena de suministro y, principalmente, por la gestión de los aprovisionamientos o compras.

Además, para agilizar la recepción de mercancías es imprescindible que haya una buena gestión de la información y que todos los actores implicados estén al corriente de los pedidos que se esperan y de sus horas de llegada (garantizar puntualidad en las citas que se gestionen a los chóferes).

La recepción de mercancías es una de las operativas más importantes del almacén, ya que es la que inicia el flujo de materiales. Mal gestionada, es el punto de partida de muchos errores que luego afloran en el inventario y que limitan la productividad de la instalación.

La recepción de mercancías va más allá de tan solo dar entrada a los pedidos procedentes de los proveedores.

5.2.2. Descarga y gestión de los muelles de carga

Este bloque de operaciones hace referencia a la descarga de las mercancías desde los camiones, así como a su desplazamiento hasta la zona de recepción o de consolidación, o bien directamente hacia su lugar en las estanterías.

Es conveniente que los trabajadores destinados a recepciones cuenten con procedimientos para cada situación que se pueda dar. De esta forma, sabrán cómo operar y qué equipos de manutención deben usar (mercancía dañada, mercancía diferente a la pedida, menor cantidad de mercancía a la pedida, mayor cantidad de mercancía de la pedida, fechas de caducidad no respetadas, etcétera).

Para un proceso logístico eficaz, es necesario que la carga y descarga de mercancías esté perfectamente organizada, para que las operaciones se lleven a cabo con seguridad y en el menor tiempo posible.

Para que esto ocurra, es indispensable trabajar los siguientes puntos:

1. Revisa el inventario

   Una buena gestión del inventario en el almacén significa que los preparadores encontrarán los productos que necesitan en el lugar adecuado, lo que reducirá los retrasos en el cumplimiento de los pedidos.

   El cumplimiento más rápido de los pedidos evita problemas como que los camiones esperen en el muelle de carga a que las mercancías de la expedición terminen de prepararse. La gestión del inventario también influye en la rapidez con la que las mercancías salen del muelle y llegan a la zona de recepción.

   Si los trabajadores no pueden almacenar los productos con rapidez, la parte de recepción del almacén puede llenarse de inventario y retroceder hasta los muelles de descarga. Este volumen excesivo de inventario en espera de almacenamiento puede impedir que los empleados que descargan los camiones trabajen con eficacia o encuentren espacio para colocar los productos.

2. Ten un sistema de comunicación adecuado

   En el muelle, es importante establecer sistemas rápidos y fiables de comunicación.

   La señal luminosa, por ejemplo, es una de las fórmulas más usadas: sirve para avisar a los trabajadores cuando se aproxima un camión, indica cuándo es seguro abrir la puerta del remolque para iniciar las operaciones o avisa a los conductores del momento exacto en el que es seguro retirar el vehículo.

   También se puede instalar un sistema de comunicaciones digitales para facilitar información más específica, como por ejemplo, las horas de llegada de los transportes y cuál es la mercancía que transportan. De ese modo, los operarios pueden estar preparados para proceder a la carga y/o descarga del vehículo sin desperdiciar tiempo.

3. Iluminación y cartelería

   Los muelles mal iluminados son un peligro. Es importante instalar un sistema de iluminación adecuado tanto para evitar accidentes como para ampliar el horario en el que es posible realizar operaciones de carga y descarga. Y tener una cartelería clara y de tamaño visible para que todo trabajar identifique rápidamente los muelles.

4. Mantenimiento de los muelles

   También es importante que la zona esté siempre limpia y ordenada. Se deben retirar todos aquellos elementos no necesarios para la actividad, y conservar las superficies libres de vertidos que puedan ocasionar resbalones y caídas.

   Además, hay que mantener los equipos al día y solucionar cualquier avería o problema técnico que pueda surgir lo más rápido posible. Regularmente se deben

revisar los sistemas de restricción que aseguran los vehículos, comprobar el funcionamiento de las plataformas elevadoras, sustituir dispositivos de iluminación que no funcionan, etcétera.

5. Protección ante la climatología

En ocasiones, el frío intenso, el calor extremo, la lluvia o la nieve pueden dificultar o incluso impedir las operaciones de carga y descarga, especialmente en los muelles abiertos.

En estos casos, se debe intentar proteger tanto la mercancía como a los trabajadores, en la medida de lo posible, con la instalación de elementos de protección.

En este sentido son mucho más eficientes los muelles cerrados o protegidos con sellos o abrigos que impiden la entrada de agua, aire o polvo durante las operaciones, y permiten mantener una temperatura estable y controlada.

6. Utilizar niveladores y equipos de elevación ergonómicos

Los niveladores permiten salvar el espacio que hay entre el remolque y el muelle. Son importantes, ya que un mismo remolque puede variar de altura durante el proceso de carga o descarga, al variar el peso de la mercancía que soporta.

Por otra parte, es necesario invertir en alternativas a la manipulación manual de mercancías. Un trabajador no debería manipular pesos que superen los veinte kilogramos sin el apoyo de equipos automatizados, como plataformas elevadoras, carretillas o transpaletas.

7. Vigilar la seguridad

La carga y descarga de mercancías es un proceso peligroso que puede causar lesiones graves o incluso la muerte a los trabajadores del almacén si no se lleva a cabo con cuidado.

Especialmente en los momentos de mayor actividad en los muelles, hay muchas cosas que pueden salir mal cuando no existen los protocolos adecuados o los que hay no se respetan de manera escrupulosa. Hay que evitar que los remolques se desplacen, que los camiones se alejen, que resbalen en el agua y que se caiga la carga, etcétera.

Para controlar la marcha lenta del remolque —cuando los camiones avanzan sin previo aviso debido al movimiento del remolque—, los dispositivos de retención ofrecen una solución mejor que los calzos. Los primeros bloquean el remolque en su sitio y pueden conectarse a un panel de control para su liberación. El uso de retenedores protege a los trabajadores de los peligros de colocar calzos bajo las ruedas.

5.2.3. Control de calidad de la mercancía

Al recibir los pedidos, se realiza una primera verificación de los albaranes para ver si coinciden con lo acordado con el proveedor en cantidad, modelo y características. También se comprueba que el embalaje está en perfecto estado.

En productos como alimentos o ciertos medicamentos que necesitan condiciones especiales en cuanto a temperatura y humedad para su correcta conservación, esta etapa es esencial para comprobar que no se haya roto la cadena de frío.

Si son mercancías peligrosas, existen normativas específicas que regulan su embalaje y los procedimientos de carga y descarga al tratarse de productos cuya manipulación entraña riesgos extra.

En almacenes automáticos, el puesto de inspección de palés se encarga de realizar el control de calidad tras la recepción de mercancías. Si la mercancía llega en palés estandarizados, es posible automatizar el control de calidad gracias a los puestos de inspección de palés integrados en los transportadores.

5.2.4. Etiquetado, consolidación y emplazamiento de la mercancía

Durante todo el proceso de recepción de mercancías, es de vital importancia registrar toda la información y dejar constancia de la llegada de nuevo material para controlar su trazabilidad.

En almacenes que cuentan con un sistema de gestión, estos datos están informatizados según los parámetros logísticos que se utilicen en la empresa (suelen estar en consonancia con la base de datos del ERP). Este procedimiento se llama dar entrada a los nuevos artículos en el sistema.

En general, pueden darse estas situaciones en la recepción de mercancías:

Se reciben los productos sin paletizar y estos deben pasar a una fase de consolidación y registro para luego ser ubicados en el almacén.

La mercancía está organizada en palés y entonces se efectúa una rápida validación de cantidades y características para directamente luego transportarla a las estanterías.

Llegan devoluciones: aquí entra en juego la gestión de la logística inversa de la empresa. Normalmente tiene sus propias reglas en cuanto a la revisión de los productos devueltos y puede requerir que el *stock* se bloquee para realizar estas verificaciones.

Aunque no es lo más deseable, en ocasiones se producen las denominadas recepciones ciegas, es decir, llega un pedido sin tener constancia previa de él o a una hora diferente de la acordada. En este caso, es interesante contar con un plan de actuación para gestionarlo con eficacia.

Un sistema de gestión de almacén (SGA) es de gran ayuda en situaciones como esta, ya que es capaz de dirigir la actividad sin interferir en el resto de operaciones del almacén y sin descuadrar el control de *stock*. Además, como parte de esta fase es necesario etiquetar la mercancía con el sistema de identificación que maneje la empresa y definir una ubicación para ella en el almacén.

Dentro de las fases de la recepción, existen dos términos que hay que tener en cuenta:

- *Cross-docking*: práctica que consiste en recibir productos y enviarlos directamente a su destino final sin almacenamiento intermedio, reduciendo tiempos y costos de almacenaje (almacén de tránsito).

- *Drop-shipping*: modelo de negocio en el que el minorista envía los pedidos directamente al fabricante o mayorista, eliminando la necesidad de mantener inventarios propios y reduciendo el riesgo de obsolescencia.

5.3. Procesos de reaprovisionamiento y gestión de *stocks*

La gestión eficiente de *stocks* es crucial para evitar excesos o faltantes de inventario, minimizando costos y maximizando la satisfacción del cliente.

5.3.1. Gestión de *stocks*

Algunas técnicas avanzadas en este ámbito incluyen:

La gestión de inventarios no es otra cosa que el conocimiento y control de salidas y entradas de un producto para evitar problemas de abastecimiento y duplicidad de mercancía. El objetivo más importante de este proceso es lograr una administración óptima.

Algunas técnicas avanzadas en este ámbito incluyen:

- Método FIFO

  El objetivo del método FIFO (del inglés *First In, First Out*) es priorizar que los productos más antiguos salgan primero (lo primero que entró, lo primero que debe salir). Forman parte de este proceso la organización, la manipulación y la priorización de los flujos de productos y mercancías. De esta forma, se respeta la obsolescencia del producto y la vida útil.

- Método LIFO

  A diferencia del anterior método, el LIFO (del inglés *Last In, First Out*) prioriza que salga del inventario el último producto que entró, es decir, el más reciente. Como en el anterior caso, este método también organiza, manipula y prioriza, pero con otros parámetros.

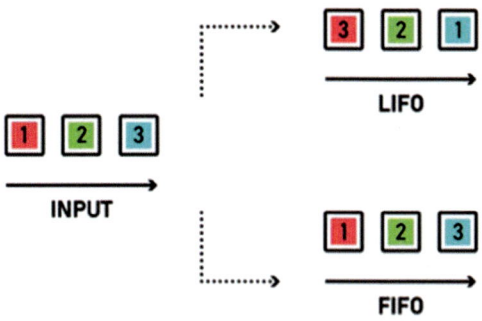

Figura 5.2. Diferenciar FIFO y LIFO.

■ Modelo EOQ

Por sus siglas en inglés, este modelo puede traducirse como «cantidad económica de pedido». También es conocido como modelo de Wilson. Se trata de un método especialmente diseñado para pequeñas y medianas empresas que no tienen una cantidad elevada de pedidos cada día. Se basa en el pedido de mercancías cada cierto tiempo o periodo del año con el mayor número de productos posible, algo que implica la obligación de tener pedidos de manera regular para no acumular ese *stock*. Es una técnica verdaderamente sencilla de desarrollar, perfecta para este tipo de empresas que no requieren ni tienen procesos profundos, aunque sí necesita una supervisión continua.

■ Análisis ABC

La forma en la que se organiza este método es diferente al resto: clasifica en tres categorías las mercancías existentes en inventario, A, B y C.

En la categoría A se incluyen los productos más importantes, es decir, los que suponen un mayor consumo anual en la empresa (mayor rotación dentro del almacén). La reposición de este inventario de manera seguida es imprescindible para evitar inconvenientes. Se trata siempre de un producto muy demandado. Además, hay que cuidar el lugar y las condiciones de mantenimiento.

En la categoría B estarán los productos intermedios o con un consumo mediano. Es importante que los artículos pertenecientes a esta categoría estén controlados y se mantengan para no confundirse con los del grupo A o el C.

En la categoría C estarán los productos en *stock* menos importantes, los de menor salida o con un consumo menor anual. La reposición de estos productos será más espaciada. Las empresas suelen tener un solo artículo de esta categoría, que se repone cuando sale del inventario.

■ Existencias mínimas

Se dirige, especialmente, a empresas pequeñas, cuyo movimiento comercial no es tan elevado. Estos negocios cuentan con un nivel mínimo de productos en existencia. Cuando este nivel llega al límite, se solicitan más productos. Es vital que haya un análisis completo y minucioso de la compra y venta de esos productos para controlar el tiempo de reposición.

■ Inventario bajo demanda

Una vez que el cliente realiza la compra, se solicita el producto y se suministra en los tiempos que el proveedor dé. En este método, hay dos realidades: por un lado, existe un riesgo de agotamiento de existencias del proveedor antes de que la empresa haga la solicitud; por otro, puede tardar mucho tiempo en surtirse.

■ Inventario anual

Se realiza una vez al año para confirmar los resultados obtenidos con el inventario contable. Se cuentan absolutamente todos los productos que tiene un almacén, uno por uno. Y se registran las diferencias, si las hubiera, entre lo que estamos contando y lo que informáticamente pone que tenemos.

Esta operación también es muy laboriosa. De hecho, como solo se hace una vez al año, se tendrá que formar y preparar correctamente al personal encargado para evitar grandes diferencias en comparación con el inventario contable. Además, si el almacén es grande y dispone de muchas referencias, se deben prever varios días para llevar a cabo la operación completa.

■ Inventario rotativo

Son recuentos periódicos y planificados de una o varias partes de las referencias almacenadas, varias veces al año. Esta práctica permite a las empresas beneficiarse de muchas ventajas:

— Evitar roturas de *stock*: al igual que el inventario permanente, esta técnica permite tener una visión más general y regular del *stock*.

— Actualizar regularmente las cantidades de *stock* disponibles y evitar alargar errores de entrada o de salida de *stocks* durante mucho tiempo.

— Menos laborioso de implementar que los inventarios permanentes o anuales.

■ Inventario gestionado por el proveedor (VMI)

Modelo en el que el proveedor es responsable de monitorear y reabastecer los niveles de inventario en el almacén del cliente, basándose en datos de demanda en tiempo real.

5.3.2. Reaprovisionamiento

El reaprovisionamiento continuo es un sistema de vigilancia permanente de los inventarios, para evitar que las existencias se agoten y no se pueda atender la demanda de los clientes. En el momento en que el *stock* llega al punto de reorden, se hace un nuevo pedido.

Existen cuatro tipos de aprovisionamiento en las empresas. Estas pueden aplicar diferentes formas de realizar el aprovisionamiento según el tiempo de antelación con el que reciben los suministros y la variabilidad de la demanda.

- *Just-in-time*. Cuando un negocio aplica este tipo de logística de aprovisionamiento se limita a adquirir los suministros a medida que los va necesitando. Así reduce al mínimo los costes de almacenaje, pero depende por completo de la puntualidad de los proveedores en las entregas, se expone al riesgo de desabastecimiento y es más vulnerable a las fluctuaciones de precios del mercado.

- Sincronizado con la producción. En este tipo de aprovisionamiento logístico la empresa realiza una planificación de la adquisición de existencias en función del ritmo que marcan sus necesidades de producción. De esta manera logra contener los gastos de almacén mientras reduce el riesgo de desabastecimiento y de que la producción se detenga por falta de suministros.

- *Stock* de seguridad. En este caso la empresa almacena existencias adicionales para lidiar con cualquier imprevisto, ya sea un retraso de los proveedores, un incremento de los precios en el mercado o cambios en la demanda. Este tipo de logística de aprovisionamiento reduce los riesgos externos, pero aumenta los costes de almacenaje y, si no se gestiona adecuadamente, puede generar gastos adicionales por el deterioro del *stock*.

- Reaprovisionamiento interno. Este procedimiento consiste en reaprovisionar las zonas de *picking* con artículos de menos, de las zonas de estocaje o reserva del almacén para poder seguir preparando pedidos.

Estas últimas técnicas y procesos en almacenaje, gestión de *stocks* y aprovisionamiento en general, están revolucionando la forma en que las empresas gestionan sus operaciones logísticas, permitiendo una mayor eficiencia, flexibilidad y satisfacción del cliente en la cadena de suministro. Es fundamental para las empresas mantenerse al tanto de estas tendencias y adaptarse a ellas para mantener su competitividad en un mercado en constante cambio.

5.4. Procesos de preparación de pedidos y distribución

Los procesos de preparación de pedidos y distribución son clave para garantizar una entrega rápida y precisa de los productos a los clientes. Vamos a ver cinco tipos de preparación de pedidos o *picking* que más se utilizan a día de hoy en los centros logísticos.

5.4.1. *Picking* manual

Tradicionalmente se ha realizado una clasificación de las tareas de *picking* en dos categorías:

- *Picking* persona a producto: es la persona la que se desplaza, andando o no (en vehículos de manutención autopropulsados) por el almacén hacia las ubicaciones donde se encuentran los productos.

Figura 5.3. *Picking* manual.

- *Picking* producto a persona: distintas máquinas nos acercan los productos a una zona donde se preparan los pedidos.

Figura 5.4. *Picking* producto a persona.

Aunque existen multitud de sistemas mixtos que combinan ambas categorías.

En la preparación de pedidos de forma manual persona a producto, el trabajador puede disponer de muy diversas ayudas para realizar sus tareas.

En principio, dispondrá de un listado de los productos que debe seleccionar y extraer. Este listado es una orden de trabajo u orden de *picking*. Y puede estar impreso en un papel o bien encontrarse en un terminal.

Una orden de *picking* podría ser parecida al siguiente listado:

Tabla 5.1. Ejemplo de orden de picking

Ubicación	Cantidad	Referencia	Descripción
1A2	88	103456	Tornillo latón 10/15 8 cm
1B0	12	245687	Arandela 25/39 acero
2B3	6	367908	Tuerca acero pavonado 10/35
2G4	70	456378	Tirafondos cobre 30/45 7 cm

Con estos listados, el personal se dirigirá a las distintas ubicaciones, buscará, seleccionará y extraerá las cantidades precisas de cada artículo. Y se ocupará de transportar las mercancías a la zona de preparación de pedidos donde posteriormente se comprobará que no hay ningún error y se procederá al embalaje y la expedición del pedido.

En la preparación manual persona a producto, a pesar de ser manual, los preparadores de almacén también pueden contar con ayudas mecánicas para el traslado, por ejemplo, vehículos de manutención manuales o motorizados e instalaciones y estanterías de distintos tipos.

■ Principales vehículos de manutención.

   — Carro de almacén: plataforma con ruedas y un asa elevada para transportar cargas ligeras.

Figura 5.5. Carro.

— Carretilla de mano: carretilla de dos ruedas usada en almacenes y, mucho, en el reparto. Usada con habilidad y formación es una inestimable ayuda.

Figura 5.6. Carretilla manual.

— Transpaleta manual: quizá la máquina más usada y conocida en almacenes y en transporte. Sirve para trasladar principalmente palés de un sitio a otro. Es capaz de levantar hasta tres mil kilogramos según el modelo, y, con la debida formación en su uso, el trabajador no realizará esfuerzos.

Figura 5.7. Carretilla manual.

— Transpaleta eléctrica: técnicamente, recogepedidos de bajo nivel. Se trata de una transpaleta con un motor eléctrico para realizar recorridos más largos y con todavía menos esfuerzo que con las manuales. Existen varios tipos.

Figura 5.8. Transpaleta eléctrica.

– Maquinaria de conductor a bordo: en posición sobre sus pies o sentado, el operario maneja la carretilla. Muy adecuada para largos recorridos. En uno de los tipos se desplaza sobre una plataforma retráctil y en otros dentro de una superficie protegida.

Figura 5.9. Recogepedidos.

– Apilador manual o eléctrico: es una transpaleta a la que se ha añadido una torre de elevación, lo que permite no solo desplazar, sino elevar cargas.

Figura 5.10. Apilador eléctrico.

— Carretillas elevadoras frontales contrapesadas: conocidas popularmente en España como «toros», el transporte de la carga se realiza en voladizo.

Figura 5.11. Contrapesada.

— Carretillas retráctiles: máquina a la que se le ha acortado la longitud haciendo retroceder el mástil hacia atrás, pudiendo, eso sí, extenderse hacia adelante a voluntad del conductor. El puesto de conducción, con objeto de acortarla todavía más se ha situado lateralmente a la dirección de la carga.

Figura 5.12. Retráctil en movimiento.

— Recogepedidos en altura: en este tipo de máquina el propio operario asciende en una cabina hasta la altura de almacenaje.

Figura 5.13. Recogepedidos en altura.

— Carretillas trilaterales: la máquina es capaz de recoger palés tanto de su izquierda como de frente y de su derecha. En las más grandes el conductor va sentado en la cabina.

Figura 5.14. Trilateral.

5.4.2. *Picking* semiautomático

Este tipo de *picking* consiste en combinar la preparación de pedidos de manera manual con herramientas automáticas.

De esta forma, el operario no se tendrá que dirigir directamente al almacén con su hoja de pedido impresa en papel, sino que la preparación se hará utilizando los sistemas SGA (sistema de gestión de almacenes).

5.4.3. *Picking* automático

La preparación de pedidos de forma automática se realiza por medio de máquinas y dispositivos de *hardware* que permiten una mayor rapidez y disminuyen los errores.

Nuevamente se pueden diferenciar dos tipos:

■ Producto a persona:

— Carruseles verticales, torres de extracción o paternóster: se trata del mismo concepto que los horizontales, con la diferencia de que al estar construidos en altura ahorran muchísimo espacio en el almacén.

— Transelevadores: son máquinas capaces de circular por los pasillos de los almacenes, seleccionar un palé o una caja y trasladarla a la zona de embalaje o expedición, o bien llevar desde la entrada hasta sus ubicaciones los productos que se quiere almacenar. Están dirigidos por un SGA.

— Vehículos autoguiados: los AGV (*Auto Guiaded Vehicles*) son vehículos de manutención que no necesitan de la intervención humana. Son capades tanto de ubicar como de extraer cargas de las ubicaciones de almacén. Su funcionamiento se basa en diferentes tecnologías. Los hay que reconocen campos magnéticos producidos por cables enterrados en el suelo del almacén, otros se basan en tecnología láser y espejos catadióptricos colocados estratégicamente en puntos concretos de las naves, y por otros distintos sistemas.

Figura 5.15. Carga de un AGV.

— Carruseles horizontales: se trata de estanterías móviles que van girando y presentando al preparador la zona de la estantería en la que se encuentra el producto que se quiere extraer. El operario se encuentra en una zona reducida sin necesidad de desplazarse más que unos pasos y va colocando en cajas o contenedores los artículos que encuentra en un listado en la pantalla del ordenador.

5.4.4. *Picking* por voz (*Pick to Voice*)

Picking por voz, o *Voice Picking* en inglés, es un sistema por el cual el auxiliar se desplaza en busca de los productos del *picking* mediante mensajes de voz. El operario lleva una unidad, normalmente en el cinturón, que se comunica por radio con el ordenador central, un micrófono y un auricular.

El SGA va emitiendo mensajes que son órdenes de trabajo y el trabajador va confirmando las tareas con su propia voz por medio de comandos establecidos. El desarrollo del reconocimiento por voz en los *softwares* permite que la comunicación sea de calidad.

Figura 5.16. Aparatología para *picking to voice*.

Importante: Entre otras ventajas está la de que el auxiliar tiene las manos libres para trabajar y que se puede programar en cualquier idioma del mundo, lo que permite un rendimiento 100 % del trabajo, aunque el trabajador no conozca el idioma local.

5.4.5. *Picking to Light*

Picking o *Pick to Light* es un sistema en el que unas luces guían al auxiliar hacia la localización exacta del artículo en su ubicación del almacén.

Funciona de la siguiente manera: al iniciar el *picking,* se enciende una luz en la estantería. Al lado de esta luz, existe un *display* que refleja las cantidades que se deben extraer de cada producto. Cuando el operario ha retirado las cantidades pedidas, lo confirma al sistema apretando la luz encendida, que en realidad es un botón o, a veces, un interruptor al lado del *display*.

Figura 5.17. *Picking to Light*.

5.4.6. *Pick by Vision*

Otro novedoso sistema para la preparación de pedidos. Se basa en la realidad virtual. El operario lleva unas gafas especiales que incorporan un lector de código de barras o de códigos QR. Como si fueran imágenes reales, es dirigido mediante flechas y diversas indicaciones hacia el producto, el sistema reconoce el artículo y le lleva a depositarlo en el contenedor de cada pedido.

El ordenador reconoce al trabajador cuando este muestra su tarjeta personal al lector. Sabe cuál es su situación en el almacén, pues lee las etiquetas con códigos QR de las estanterías.

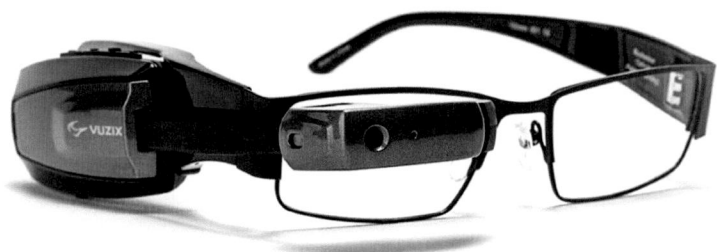

Figura 5.18. Aparatología de *Picking to Vision*.

5.5. Costos de almacenamiento

Los costos de almacenamiento son una parte crucial de la gestión logística, ya que representan los gastos asociados con el mantenimiento y la operación de un almacén o centro de distribución. Estos costos pueden tener un impacto significativo en la rentabilidad de una empresa y deben ser gestionados de manera eficiente. Algunos aspectos importantes que se deben considerar son:

- Costos de espacio: incluyen el alquiler o la propiedad del espacio de almacenamiento, así como los costos asociados con el mantenimiento y la operación de las instalaciones, y el suministro de energía, la limpieza y la seguridad.

- Costos de personal: se refieren a los salarios y beneficios de los empleados dedicados a las operaciones de almacenamiento, como el personal de recepción, almacenamiento, *picking* y embalaje.

- Costos de inventario: incluyen los costos asociados con el mantenimiento de inventario, como el costo del capital inmovilizado en el inventario, los costos de almacenamiento de productos perecederos o de alto valor, y los costos de seguro y deterioro.

■ Costos de manipulación de materiales: se refieren a los costos asociados con el movimiento y manipulación de mercancías dentro del almacén, como el uso de equipos de manejo de materiales, el embalaje y etiquetado de productos, y los costos de transporte interno.

■ Costos de tecnología y sistemas: incluyen los costos asociados con la implementación y mantenimiento de sistemas de gestión de almacenes (WMS), tecnologías de seguimiento y rastreo de inventario, y sistemas de automatización y robótica.

Es fundamental para las empresas comprender y controlar sus costos de almacenamiento para optimizar la rentabilidad y la eficiencia en la gestión logística. Esto puede implicar la implementación de estrategias de gestión de inventario, la mejora de la eficiencia operativa y la inversión en tecnologías y sistemas que reduzcan los costos y mejoren la visibilidad y control del inventario.

RESUMEN

En esta unidad se abordan las técnicas más recientes y relevantes en el ámbito del almacenaje, gestión de *stocks* y envíos.

Se comienza con una explicación sobre el sistema logístico, destacando la importancia de tener un sistema bien diseñado que coordine eficientemente todas las actividades relacionadas con la recepción, almacenaje y distribución de mercancías. A continuación, se examinan los procesos de recepción y distribución de mercancías, enfatizando la necesidad de contar con procesos eficientes que permitan una rápida entrada y salida de productos del almacén. Se continúa con los procesos de reaprovisionamiento y gestión de *stocks*, donde se discuten las mejores prácticas para mantener niveles óptimos de inventario y evitar tanto la escasez como el exceso de existencias. Posteriormente, se exploran los procesos de preparación de pedidos y distribución, resaltando la importancia de la precisión y la rapidez en la preparación y entrega de los productos al cliente final.

Finalmente, se analizan los costos asociados con el almacenamiento, incluyendo costos de espacio, mano de obra, equipos y tecnología, y se discuten estrategias para minimizar estos costos y maximizar la eficiencia operativa en el almacén.

En conjunto, esta unidad ofrece una visión integral de las últimas técnicas y prácticas en el ámbito del almacenaje, *stocks* y envíos, proporcionando herramientas y conocimientos para optimizar la gestión logística en el almacén.

ACTIVIDADES FINALES

5.1. **¿Qué es un sistema logístico en el contexto de la gestión de almacenes?**

a. Una red de distribución de productos terminados.

b. Un conjunto de procesos para gestionar el flujo de materiales y productos en toda la cadena de suministro.

c. Un *software* específico para la gestión de inventarios.

5.2. **¿Cuál es un objetivo principal de un sistema logístico eficiente?**

a. Aumentar el tiempo de almacenamiento de los productos.

b. Reducir los costos y tiempos de entrega.

c. Incrementar la cantidad de *stock* en almacén.

5.3. **¿Qué implica el proceso de recepción de mercancías en un almacén?**

a. La clasificación de productos.

b. La verificación y aceptación de las mercancías entrantes.

c. La distribución de productos a los clientes finales.

5.4. **¿Cuál es una actividad clave en la distribución de mercancías?**

a. La selección de proveedores.

b. La planificación de rutas de entrega.

c. La producción de bienes.

5.5. **¿Qué es el reaprovisionamiento en la gestión de *stocks*?**

a. La eliminación de productos defectuosos.

b. La reposición de inventarios para mantener niveles adecuados de *stock*.

c. La redistribución de productos dentro del almacén.

5.6. **¿Cuál de los siguientes es un método común de reaprovisionamiento?**

a. Inventario periódico.

b. Pedido a punto de pedido.

c. Inspección de calidad.

5.7. **¿Qué es la gestión de *stocks*?**

a. El control y supervisión de la cantidad y ubicación de los productos almacenados.

b. La producción de nuevos bienes.

c. La distribución de productos a los clientes finales.

ACTIVIDADES FINALES

5.8. **¿Cuál es una técnica moderna de gestión de *stocks*?**

a. Sistema de inventario periódico.

b. Sistema de inventario *just in time* (JIT).

c. Sistema de producción en masa.

5.9. **¿Qué implica el proceso de preparación de pedidos en un almacén?**

a. La fabricación de productos.

b. La selección, empaquetado y envío de productos según las órdenes de los clientes.

c. La inspección de calidad de los productos.

5.10. **¿Cuál es una técnica utilizada en la preparación de pedidos?**

a. Kanban.

b. *Pick to Light*.

c. *Lean Manufacturing*.

5.11. **¿Qué es el transporte y distribución física?**

a. El almacenamiento de productos.

b. El movimiento de productos desde el almacén hasta el cliente final.

c. La clasificación de productos.

5.12. **¿Cuál es una ventaja de una distribución física eficiente?**

a. Aumento de costos operativos.

b. Reducción de tiempos de entrega.

c. Incremento de inventarios en almacén.

5.13. **¿Qué se considera un costo de almacenamiento?**

a. El costo de compra de los productos.

b. El costo de mantener los productos almacenados, incluyendo costos de espacio, seguros y manejo.

c. El costo de transporte de los productos.

5.14. **¿Qué es un costo de pedido?**

a. El costo de recibir y almacenar productos.

b. El costo de procesar una orden de compra, incluyendo administración y manejo.

c. El costo de distribución de productos.

5.15. **¿Cuál es una técnica para reducir los costos de almacenamiento?**

a. Incrementar el nivel de inventario.

b. Implementar un sistema *just in time* (JIT).

c. Aumentar el espacio de almacenamiento.

ACTIVIDADES FINALES

5.16. **¿Qué se entiende por sistema logístico en la actualidad?**

a. Una cadena de producción eficiente.

b. Una red integrada que gestiona el flujo de productos, información y recursos desde el proveedor hasta el cliente final.

c. Un programa de formación para empleados de almacén.

5.17. **¿Cuál es una actividad crítica en el proceso de recepción de mercancías?**

a. El diseño del *layout* del almacén.

b. La verificación de la cantidad y calidad de los productos recibidos.

c. La planificación de la demanda.

5.18. **¿Qué es la distribución física en términos de logística?**

a. El proceso de fabricación de productos.

b. La gestión del flujo de productos desde el punto de origen hasta el punto de consumo.

c. La administración de recursos humanos en el almacén.

5.19. **¿Cuál es un beneficio de un sistema de reaprovisionamiento eficiente?**

a. Aumento de los niveles de inventario.

b. Reducción de costos y mejora de la disponibilidad de productos.

c. Incremento de la complejidad operativa.

5.20. **¿Qué técnica puede utilizarse para mejorar la preparación de pedidos?**

a. *Just in time* (JIT).

b. *Pick by Voice*.

c. Planificación de la demanda.

5.21. **¿Cuál es un costo fijo en el almacenamiento?**

a. El costo de la electricidad utilizada en el almacén.

b. El costo del alquiler del espacio de almacenamiento.

c. El costo de los empleados temporales.

5.22. **¿Qué implica la gestión de inventarios en un almacén?**

a. La producción de productos.

b. El control y mantenimiento de los niveles de *stock*.

c. La distribución de productos.

5.23. **¿Cuál es un método para gestionar los costos de pedidos?**

a. Aumentar la cantidad de productos en cada pedido.

b. Implementar un sistema de compras electrónicas (*e-procurement*).

c. Reducir la frecuencia de los pedidos.

ACTIVIDADES FINALES

5.24. **¿Qué técnica se puede utilizar para mejorar la eficiencia del transporte y distribución física?**

    a. *Lean Manufacturing.*

    b. *Cross-docking.*

    c. Producción en masa.

5.25. **¿Cuál es una característica de un sistema logístico eficaz?**

    a. Alta dependencia de procesos manuales.

    b. Integración y sincronización de todos los eslabones de la cadena de suministro.

    c. Incremento en los niveles de inventario.

6

Organización y gestión general de almacén

En esta Unidad 6 se aborda la organización y gestión integral del almacén. Se empieza con una introducción general y se continúa con el análisis y clasificación de los productos almacenados. Se discuten estrategias para el aprovechamiento de superficies y volúmenes, el aumento de la productividad del trabajo en el almacén y el control de existencias. También se presenta el cuadro de mando del almacén y el factor humano en su gestión.

La organización y gestión de un almacén son aspectos fundamentales para garantizar su eficiencia operativa y su contribución al éxito de la cadena de suministro. En esta unidad, abordaremos los diferentes aspectos relacionados con la organización y gestión general de un almacén.

6.1. Introducción

La introducción a la organización y gestión general de almacén proporciona una visión general de la importancia de estos aspectos en la cadena de suministro.

Se define como logística o gestión del almacén la recepción, movimiento interno, almacenaje y salida de las materias primas o productos terminados dentro de una empresa. Para desempeñar esta función se utiliza una serie de herramientas TIC que permiten llevar a cabo un control de la forma más fiable posible.

Algunas de sus ventajas son:

- Rapidez: los productos se distribuyen de una manera más eficiente al conocer dónde se encuentran.

- Reducción de costes: conocer el *stock* de una manera fiable permite reducir pedidos o fabricar menos producto final.

- Optimización del espacio: elegir el método de almacenaje más acorde ayuda a utilizar el espacio disponible de una manera más eficiente.

- Menor operativa: una distribución eficiente implica un menor número de movimientos internos, lo que libera a los operarios.

En esta unidad vamos a ir estudiando las diferentes partes que componen toda esta gestión.

6.2. Análisis y clasificación de los productos almacenados

El análisis y clasificación de los productos almacenados es esencial para una gestión eficiente del almacén. Se deben considerar factores como la rotación de inventario, el tamaño y peso de los productos, así como sus requisitos especiales de almacenamiento, para determinar la mejor ubicación dentro del almacén.

A mercancía con mayor peso, debemos tener en cuenta posicionarla en niveles de estantería inferiores. Lo mismo ocurre con el tamaño de los artículos, dejando aquellos tamaños más grandes, para niveles de estantería más elevados, incluso contando solo con la última altura.

Cuando hablamos de rotación de inventarios, hablamos de la principal causa para colocar de manera estratégica los productos en las estanterías del almacén. Y, para ello, trabajamos con el método ABC.

El inventario ABC ayuda a las organizaciones a identificar qué productos son críticos para el éxito y rentabilidad del negocio. Lo anterior se logra calculando el valor de consumo de cada SKU, es decir, el número de unidades vendidas multiplicadas por su costo unitario.

Según el principio de Pareto, en casi cualquier sistema, el 80 % de los resultados provienen del 20 % de los esfuerzos, mientras que el 20 % de los resultados provienen del 80 % de los esfuerzos. El inventario ABC se basa en este principio para identificar el 20 % de los productos que genera aproximadamente el 80 % de los resultados económicos y los categoriza como productos Clase A, al siguiente 30 % de productos los clasifica como productos Clase B, y al 50 % restante, como productos Clase C.

Por lo tanto, podemos resumir la clasificación ABC de la siguiente manera:

- Los productos de la Clase A son muy importantes para el negocio, por lo que requieren de un control cercano y cuidadoso. Tienen más rotación y aumentará la productividad del preparador si los tiene más a mano y cercanos para preparar sus pedidos.

- Los productos de la Clase B son menos importantes que los de la Clase A, pero más importantes que los de la Clase C.

- Los productos de la Clase C son marginalmente importantes, por lo que necesitan menos atención y control. Productos que suelen salir con menor frecuencia en los pedidos y, por lo tanto, pueden estar almacenados en niveles de estanterías más altos sabiendo que recurriremos a ellos con menos frecuencia.

6.3. Aprovechamiento de las superficies y volúmenes

El aprovechamiento de las superficies y volúmenes del almacén es crucial para maximizar la capacidad de almacenamiento y optimizar el espacio disponible. Se deben implementar técnicas como el uso de estanterías y *racks*, así como sistemas de almacenamiento vertical, para aprovechar al máximo el espacio disponible. Este aspecto no solo implica utilizar al máximo el área horizontal del almacén, sino también aprovechar el espacio vertical de manera efectiva.

6.3.1. Uso de estanterías y *racks*

Una de las estrategias más comunes para aprovechar las superficies en un almacén es utilizar estanterías y *racks*. Estos dispositivos permiten almacenar productos de manera organizada y accesible, ocupando un espacio vertical en lugar de solo ocupar espacio en el suelo. Las estanterías pueden ser de diferentes tipos como:

- Estanterías de paletización: son sistemas de almacenamiento diseñados para almacenar palés de manera organizada y eficiente. Son comunes en almacenes y centros de distribución y permiten el uso de carretillas elevadoras para cargar y descargar los palés.

- Estanterías de *picking*: están diseñadas para facilitar la selección y recogida de productos individuales, generalmente piezas pequeñas o medianas. Son usadas en entornos donde se requiere acceder frecuentemente a los productos, como en almacenes de productos pequeños y medianos o en áreas de preparación de pedidos.

- Estanterías *push-back*: estas estanterías utilizan un sistema de carros o plataformas que permiten almacenar palés en profundidad. Cuando un palé es colocado en la estantería, empuja los palés anteriores hacia el fondo. Son ideales para maximizar el espacio de almacenamiento y mantener una alta densidad.

- Estanterías móviles: son estanterías montadas sobre bases móviles que se desplazan sobre rieles. Esto permite que las estanterías se junten cuando no se necesitan accesos, y se separen cuando se requiere acceder a ellas, optimizando el espacio y facilitando el acceso a los productos almacenados.

- Estanterías dinámicas: utilizan rodillos o cintas transportadoras inclinadas para permitir que los productos se desplacen automáticamente por gravedad desde el punto de carga hasta el punto de descarga. Son útiles para sistemas FIFO (*First In, First Out*), donde los productos más antiguos se utilizan primero.

- Estanterías cantiléver: estas estanterías tienen brazos en voladizo que se extienden desde una columna central, ideales para almacenar productos largos y voluminosos como tubos, madera, perfiles metálicos, etc. Son flexibles y facilitan el acceso a mercancías de gran longitud.

Las anteriores son las principales estanterías y *racks*. Existen otra, cada una diseñada para adaptarse a diferentes tipos de productos y necesidades de almacenamiento.

6.3.2. Sistemas de almacenamiento vertical

Además de las estanterías y *racks*, existen sistemas de almacenamiento vertical que permiten aprovechar al máximo el espacio en altura del almacén. Estos sistemas incluyen:

- Montacargas y apiladores: equipos que permiten el apilamiento de mercancías en altura, maximizando el uso del espacio vertical y facilitando el acceso a los productos almacenados en diferentes niveles.

- Almacenes automatizados: sistemas automatizados que utilizan tecnología de elevación y transporte para almacenar y recuperar productos de manera eficiente en estanterías o *racks* ubicados en diferentes niveles del almacén.

6.3.3. Diseño de almacenes compactos

Otra estrategia para aprovechar las superficies y volúmenes es diseñar almacenes compactos que permitan una distribución eficiente de los productos y minimicen los espacios vacíos. Esto implica utilizar técnicas como el diseño de pasillos estrechos, el uso de sistemas de almacenamiento compactos como el *push-back* o el *drive-in*, y la optimización de la disposición de los productos en función de su rotación y demanda.

6.3.4. Optimización del *layout*

El diseño del *layout* del almacén (plano de la superficie de almacén) también juega un papel crucial en el aprovechamiento de las superficies y volúmenes. Es importante planificar cuidadosamente la distribución de las estanterías, *racks* y otros sistemas de almacenamiento para maximizar el espacio disponible y garantizar un flujo eficiente de productos dentro del almacén. Además, se deben tener en cuenta factores como la accesibilidad, la seguridad y la ergonomía para crear un entorno de trabajo óptimo.

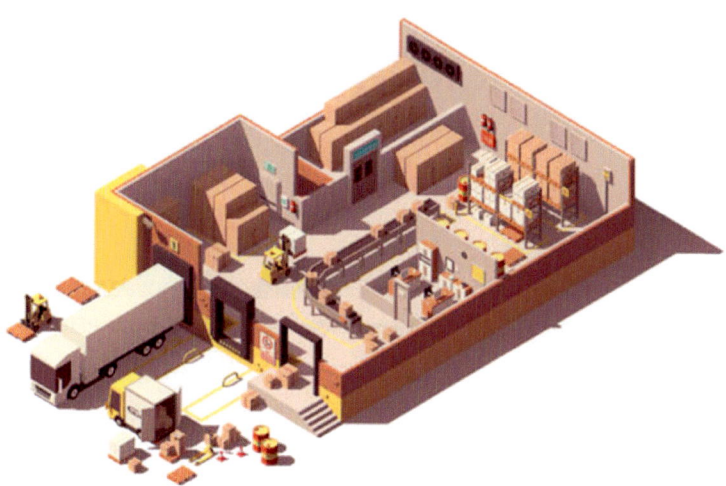

Figura 6.1. *Layout* 3D de un almacén.

6.4. El aumento de la productividad del trabajo de almacén

El aumento de la productividad del trabajo de almacén es un objetivo clave en la gestión operativa. Se pueden implementar medidas como la optimización de rutas de *picking*, el uso de tecnologías de automatización y la formación del personal para mejorar la eficiencia y reducir los tiempos de procesamiento.

■ Análisis y mejora de procesos

Un primer paso para aumentar la productividad en el trabajo de almacén es realizar un análisis exhaustivo de los procesos existentes. Esto implica identificar las áreas de mejora y eliminar cualquier tipo de desperdicio o actividad innecesaria que pueda estar ralentizando la operación. Mediante la aplicación de técnicas como *Lean Manufacturing* o *Six Sigma*, es posible optimizar los procesos y eliminar cuellos de botella, lo que resulta en una mayor eficiencia y productividad.

■ Implementación de tecnología

La tecnología desempeña un papel crucial en el aumento de la productividad en el trabajo de almacén. La implementación de sistemas de gestión de almacenes (WMS), sistemas de control de inventario y tecnologías de automatización puede ayudar a agilizar los procesos y reducir los tiempos de ejecución. Por ejemplo, el uso de dispositivos de escaneo de códigos de barras o RFID permite una identificación rápida y precisa de los productos, mientras que los sistemas de *picking* por voz o por luz guían a los operadores de manera eficiente en la recolección de productos.

Figura 6.2. Diferencia entre código de barras y etiqueta RFID.

■ Capacitación y desarrollo del personal

El factor humano juega un papel fundamental en la productividad del trabajo de almacén. Es importante proporcionar capacitación y desarrollo continuo al personal para asegurar que estén equipados con las habilidades y conocimientos necesarios para realizar sus tareas de manera efectiva. La capacitación en el uso de equipos y tecnologías, así como en técnicas de gestión de inventario y manipulación de materiales, puede ayudar a mejorar la eficiencia y reducir los errores.

■ Optimización de rutas y movimiento

Otra estrategia para aumentar la productividad en el trabajo de almacén es optimizar las rutas y movimientos de los productos y del personal. Esto implica diseñar un *layout* eficiente del almacén que minimice las distancias recorridas por los operadores y los tiempos de viaje entre ubicaciones. Además, se pueden implementar técnicas como el *batching* o la consolidación de pedidos para reducir la cantidad de viajes necesarios y aumentar la eficiencia en la preparación de pedidos.

- Monitoreo y mejora continua

Por último, es importante establecer un sistema de monitoreo y mejora continua para evaluar el desempeño del almacén y realizar ajustes según sea necesario.

Esto puede implicar la implementación de indicadores clave de rendimiento (KPI) para medir la productividad y la eficiencia, así como la realización de auditorías periódicas para identificar áreas de oportunidad y realizar mejoras. El *feedback* constante y la retroalimentación del personal también son importantes para mantener un ambiente de trabajo colaborativo y orientado hacia la mejora continua.

Figura 6.3. KPI de seguimiento.

6.5. Control de existencias

El control de existencias es una parte fundamental de la gestión de almacenes, ya que garantiza que las empresas tengan la cantidad adecuada de productos disponibles para satisfacer la demanda de los clientes sin incurrir en costos innecesarios de almacenamiento o pérdida de ventas por falta de *stock*. Un control eficaz de las existencias implica un seguimiento constante y preciso de la cantidad de productos almacenados, así como la implementación de medidas para minimizar los errores y garantizar la exactitud de los registros de inventario.

A continuación, se detallan algunas prácticas importantes en el control de existencias:

■ Implementación de sistemas de gestión de almacenes (WMS)

Los sistemas de gestión de almacenes (WMS) son herramientas informáticas diseñadas para optimizar y supervisar todas las operaciones relacionadas con el almacenamiento y movimiento de productos en un almacén. Estos sistemas proporcionan funciones avanzadas de seguimiento de inventario, como la identificación por código de barras o RFID, que permiten un control preciso de las existencias en tiempo real. Además, los WMS pueden generar informes detallados sobre el estado del inventario, las tendencias de demanda y los niveles de rotación de productos, lo que ayuda a tomar decisiones informadas sobre la gestión de inventario.

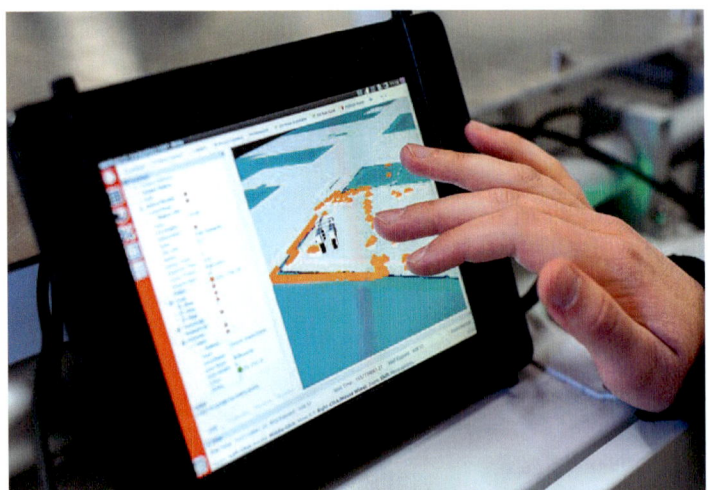

Figura 6.4. WMS en un almacén.

■ Implementación de procedimientos de recepción y verificación de mercancías

Es fundamental establecer procedimientos claros y rigurosos para la recepción y verificación de mercancías entrantes. Esto incluye la comparación de los productos recibidos con las órdenes de compra, la inspección de la calidad y el estado de los productos, y la actualización inmediata de los registros de inventario para reflejar las nuevas existencias. La implementación de estas prácticas ayuda a prevenir errores de inventario y asegura que las existencias estén siempre actualizadas y precisas.

■ Realización de inventarios periódicos

Realizar inventarios periódicos es una práctica importante para verificar físicamente la cantidad de productos almacenados en comparación con los registros de inventario. Estos inventarios pueden ser completos, donde se cuenta todo el inventario del almacén, o cíclicos, donde se cuenta una parte del inventario en intervalos regulares. Los inventarios periódicos ayudan a identificar discrepancias entre las existencias físicas y los registros de inventario, lo que permite corregir cualquier error y mantener la precisión de los datos de inventario.

- Utilización de tecnologías de seguimiento y rastreo

  El uso de tecnologías de seguimiento y rastreo, como códigos de barras, RFID (identificación por radiofrecuencia) o sistemas de localización en tiempo real, puede facilitar el control de existencias al proporcionar información precisa sobre la ubicación y el movimiento de los productos en el almacén. Estas tecnologías permiten un seguimiento preciso de cada unidad de producto, desde su recepción hasta su envío, lo que reduce el riesgo de errores y aumenta la visibilidad del inventario en todo momento.

- Análisis de tendencias y pronósticos de demanda

  Además de mantener un control preciso de las existencias actuales, es importante analizar las tendencias de demanda y realizar pronósticos de ventas para anticipar las necesidades futuras de inventario. Esto permite a las empresas ajustar sus niveles de inventario en consecuencia y evitar la escasez o el exceso de *stock*. El análisis de tendencias también puede ayudar a identificar productos obsoletos o de baja rotación, permitiendo una gestión más eficiente del inventario.

- Auditorías y revisiones regulares

  Por último, es crucial realizar auditorías y revisiones regulares de los procesos de control de existencias para identificar áreas de mejora y garantizar el cumplimiento de los estándares de calidad y precisión en la gestión de inventario. Estas auditorías pueden incluir la revisión de registros de inventario, la evaluación de la eficacia de los procedimientos de control de existencias y la identificación de posibles problemas o discrepancias en el sistema.

6.6. El cuadro de mando del almacén

El cuadro de mando del almacén, también conocido como tablero de control o panel de indicadores, es una herramienta fundamental en la gestión de almacenes que proporciona una visión integral y en tiempo real del rendimiento y la eficiencia de las operaciones. Este sistema de control permite a los gestores y supervisores monitorear y evaluar diversos aspectos del funcionamiento del almacén, desde la recepción de mercancías hasta la expedición de pedidos, utilizando indicadores clave de rendimiento (KPI) específicos para medir el éxito y la eficacia de las operaciones. A continuación, profundizaremos en los aspectos más relevantes del cuadro de mando del almacén.

Figura 6.5. Cuadro de mandos.

6.6.1. Diseño del cuadro de mando

El diseño del cuadro de mando del almacén debe ser cuidadosamente planificado para reflejar los objetivos estratégicos y las prioridades de la empresa. Se deben seleccionar los KPI más relevantes y significativos para medir el rendimiento del almacén, como la precisión de inventario, la productividad del personal, los tiempos de ciclo de los pedidos, la utilización del espacio y los costos operativos. Estos indicadores deben estar claramente definidos y ser fácilmente comprensibles para todos los miembros del equipo.

6.6.2. Indicadores clave de rendimiento (KPI)

Los indicadores clave de rendimiento (KPI) son métricas cuantificables utilizadas para evaluar el rendimiento y el éxito de las operaciones del almacén.

Algunos de los KPI más comunes en el cuadro de mando del almacén incluyen:

- Precisión de inventario: porcentaje de precisión entre las existencias registradas en el sistema y las existencias físicas en el almacén.

- Productividad del personal: medida del rendimiento del personal del almacén, como el número de pedidos procesados por hora o el tiempo promedio de ciclo de trabajo.

- Eficiencia de *picking*: porcentaje de precisión y velocidad en la recolección de productos durante el proceso de *picking* de pedidos.

- Utilización del espacio: porcentaje de espacio utilizado en el almacén en comparación con el espacio total disponible.

- Costos operativos: costos totales asociados con las operaciones del almacén, incluyendo mano de obra, mantenimiento, alquiler de instalaciones y otros gastos relacionados.

6.6.3. Funciones y características

El cuadro de mando del almacén debe tener varias funciones y características clave para ser efectivo y útil para la toma de decisiones.

Estas incluyen:

- Visualización clara y concisa: presentación clara y concisa de los KPI más importantes, utilizando gráficos, tablas y otros elementos visuales para facilitar la comprensión y el análisis de los datos.

- Actualización en tiempo real: actualización en tiempo real de los datos del cuadro de mando para proporcionar información actualizada sobre el rendimiento del almacén y permitir una respuesta rápida a los cambios y tendencias.

- Personalización y flexibilidad: capacidad para personalizar y ajustar los indicadores y métricas del cuadro de mando según las necesidades específicas de la empresa y los objetivos estratégicos del almacén.

- Accesibilidad y disponibilidad: acceso fácil y rápido al cuadro de mando para todos los miembros del equipo, tanto en el almacén como en la oficina, a través de dispositivos móviles, ordenadores u otros medios tecnológicos.

6.6.4. Beneficios y ventajas

La implementación de un cuadro de mando del almacén ofrece una serie de beneficios y ventajas para la gestión y operación eficientes del almacén.

Algunos de estos beneficios incluyen:

- Mejora de la visibilidad y transparencia: proporciona una visión completa y transparente del rendimiento del almacén, permitiendo a los gestores identificar áreas de mejora y tomar decisiones informadas.

- Optimización de recursos: ayuda a optimizar el uso de recursos, como mano de obra, espacio y equipamiento, al identificar ineficiencias y áreas de mejora en las operaciones del almacén.

- Aumento de la productividad: facilita la identificación de prácticas y procesos que contribuyen a una mayor productividad y eficiencia en el almacén, lo que permite implementar medidas correctivas y mejorar el rendimiento general.

- Reducción de costos: permite identificar y reducir costos operativos innecesarios, como costos de inventario excesivos, tiempos de inactividad del personal y gastos de almacenamiento.

6.7. El factor humano en el almacén

El factor humano desempeña un papel crucial en la operación y gestión del almacén. Es importante proporcionar capacitación y desarrollo profesional al personal, así como promover un ambiente de trabajo seguro y colaborativo. El compromiso y la motivación del equipo son elementos clave para garantizar el éxito a largo plazo del almacén.

A continuación, profundizaremos en los diversos aspectos del factor humano en el almacén y su importancia en la gestión moderna de almacenes:

■ Capacitación y desarrollo profesional

La capacitación y el desarrollo profesional del personal del almacén son aspectos esenciales para garantizar su competencia y eficacia en sus funciones. Es importante proporcionar programas de formación adecuados que aborden temas como seguridad en el trabajo, manejo de equipos y maquinaria, gestión de inventario, procedimientos operativos estándar (SOP) y nuevas tecnologías aplicadas al almacén. Además, se deben ofrecer oportunidades de desarrollo profesional y crecimiento dentro de la organización para motivar al personal y mejorar su compromiso con la empresa.

■ Seguridad laboral

La seguridad laboral es una prioridad en cualquier entorno de trabajo, y el almacén no es una excepción. Es fundamental implementar medidas de seguridad adecuadas para proteger la salud y el bienestar de los empleados, así como prevenir accidentes y lesiones en el lugar de trabajo. Esto incluye proporcionar equipos de protección individual (EPI), mantener los equipos y las instalaciones en condiciones seguras, realizar inspecciones regulares de seguridad y fomentar una cultura de seguridad en toda la organización.

■ Motivación y compromiso

La motivación y el compromiso del personal son factores clave para aumentar la productividad y mejorar el ambiente laboral en el almacén. Es importante reconocer y recompensar el trabajo duro y los logros del equipo, así como fomentar un ambiente de trabajo colaborativo y positivo. Además, se deben establecer metas claras y alcanzables, brindar retroalimentación constructiva y ofrecer oportunidades de participación y toma de decisiones para involucrar al personal en el proceso de mejora continua del almacén.

■ Gestión de equipos multiculturales y multigeneracionales

En entornos laborales cada vez más diversos, la gestión efectiva de equipos multiculturales y multigeneracionales en el almacén presenta desafíos únicos. Es importante promover la inclusión y la diversidad, fomentar el respeto mutuo y la comprensión intercultural, y adoptar prácticas de liderazgo inclusivas y equitativas. Además, se deben tener en cuenta las diferentes necesidades y preferencias de los empleados de diferentes generaciones y culturas en términos de comunicación, estilo de trabajo y desarrollo profesional.

- Bienestar y salud mental

El bienestar y la salud mental de los empleados son aspectos cada vez más importantes en el lugar de trabajo, y el almacén no es una excepción. Es crucial proporcionar un entorno de trabajo que promueva el equilibrio entre el trabajo y la vida personal, así como ofrecer recursos y apoyo para abordar el estrés, la ansiedad y otros problemas de salud mental. Esto puede incluir programas de bienestar, acceso a servicios de asesoramiento y apoyo emocional, y políticas de flexibilidad laboral para ayudar a los empleados a gestionar sus responsabilidades laborales y personales de manera efectiva.

RESUMEN

Esta unidad se centra en la importancia de una adecuada organización y gestión del almacén para optimizar su funcionamiento y maximizar la eficiencia en las operaciones logísticas.

Se aborda el análisis y clasificación de los productos almacenados, donde se discuten diferentes criterios para categorizar y organizar los productos en el almacén, como su naturaleza, tamaño, rotación y demanda.

Se profundiza en el aprovechamiento de las superficies y volúmenes del almacén, destacando la importancia de utilizar de manera óptima el espacio disponible para maximizar la capacidad de almacenamiento y facilitar el flujo de productos. Además, se explica cómo lograr un aumento de la productividad del trabajo en el almacén, donde se exploran diversas estrategias y técnicas para mejorar la eficiencia en las tareas de almacenaje, *picking*, embalaje y distribución.

Analizamos el control de existencias, resaltando la importancia de llevar un registro preciso y actualizado de los productos almacenados para evitar faltantes o excesos de inventario.

Introducimos el concepto de cuadro de mando del almacén, que consiste en un conjunto de indicadores clave de rendimiento (KPI) para evaluar y monitorear el desempeño del almacén en términos de productividad, eficiencia y calidad de servicio.

Y finalmente, se aborda el factor humano en el almacén, destacando la importancia del personal en el éxito operativo del almacén y la necesidad de promover un ambiente de trabajo seguro, motivador y colaborativo.

En conjunto, este punto proporciona una visión integral de los aspectos fundamentales relacionados con la organización y gestión general de un almacén, ofreciendo herramientas y estrategias para mejorar su funcionamiento y maximizar su eficiencia.

ACTIVIDADES FINALES

REPASO

6.1. **¿Cuál es el objetivo principal de la gestión general de un almacén?**

a. Incrementar el tiempo de almacenamiento.

b. Optimizar el uso de recursos y mejorar la eficiencia operativa.

c. Aumentar los niveles de inventario.

6.2. **¿Qué implica el análisis y clasificación de los productos almacenados?**

a. La fabricación de nuevos productos.

b. La evaluación y categorización de los productos según características como demanda, tamaño y valor.

c. El aumento del espacio de almacenamiento.

6.3. **¿Qué técnica puede mejorar el aprovechamiento de las superficies y volúmenes en un almacén?**

a. Implementar un sistema de inventario manual.

b. Utilizar estanterías de alta densidad y sistemas automatizados de almacenamiento.

c. Incrementar el número de trabajadores.

6.4. **¿Qué es una estrategia para aumentar la productividad del trabajo de almacén?**

a. Reducir la capacitación de los empleados.

b. Implementar tecnologías avanzadas como sistemas de *picking* automatizado.

c. Aumentar el espacio de almacenamiento.

6.5. **¿Qué es el control de existencias?**

a. La distribución de productos a los clientes finales.

b. La supervisión y gestión continua de los niveles de inventario.

c. La producción de nuevos bienes.

6.6. **¿Qué herramienta se utiliza para supervisar y gestionar el rendimiento del almacén?**

a. Un sistema de producción en masa.

b. El cuadro de mando del almacén.

c. Un sistema de ventas.

6.7. **¿Qué es un cuadro de mando del almacén?**

a. Una herramienta para el control de calidad.

b. Un conjunto de indicadores clave que permiten monitorear y evaluar el rendimiento del almacén.

c. Un plan de capacitación para empleados.

ACTIVIDADES FINALES

6.8. **¿Cuál es un factor importante en la gestión del factor humano en el almacén?**

a. Reducir la interacción entre empleados.

b. Fomentar la formación continua y la motivación de los trabajadores.

c. Aumentar la cantidad de productos almacenados.

6.9. **¿Qué puede incluir el análisis de productos almacenados?**

a. La eliminación de productos defectuosos.

b. La identificación de productos de alta rotación y productos obsoletos.

c. La creación de nuevos productos.

6.10. **¿Cuál es una práctica para mejorar el aprovechamiento del espacio en un almacén?**

a. Almacenar productos sin un plan definido.

b. Implementar sistemas de almacenamiento vertical.

c. Reducir el número de estanterías.

6.11. **¿Qué es una técnica para aumentar la productividad del personal en el almacén?**

a. Aumentar las horas de trabajo sin descanso.

b. Introducir sistemas de incentivos basados en el rendimiento.

c. Incrementar la cantidad de productos en inventario.

6.12. **¿Qué es el inventario cíclico?**

a. Un método de control de existencias que implica contar una parte del inventario regularmente.

b. Un sistema de almacenamiento temporal.

c. Un tipo de transporte interno.

6.13. **¿Qué factor puede afectar negativamente la gestión de existencias?**

a. Un sistema de inventario automatizado.

b. Falta de previsión y planificación.

c. Implementar un sistema de gestión de calidad.

6.14. **¿Cuál es un beneficio de utilizar el cuadro de mando del almacén?**

a. Aumentar los costos operativos.

b. Obtener una visión clara y precisa del rendimiento operativo.

c. Incrementar los niveles de *stock* sin control.

6.15. **¿Qué es esencial para una buena gestión del factor humano en un almacén?**

a. Ignorar la formación y capacitación continua.

b. Fomentar un ambiente de trabajo seguro y motivador.

c. Incrementar la presión laboral sin ofrecer incentivos.

ACTIVIDADES FINALES

6.16. **¿Qué aspecto del almacén puede mejorarse mediante la utilización de tecnologías avanzadas?**

a. La producción de bienes.

b. La precisión y velocidad en el *picking* y *packing*.

c. La cantidad de productos defectuosos.

6.17. **¿Qué es un sistema de gestión de almacenes (WMS)?**

a. Un *software* que automatiza y optimiza las operaciones del almacén.

b. Un plan de *marketing*.

c. Un sistema de control de calidad.

6.18. **¿Qué implica el aprovechamiento eficiente del volumen en un almacén?**

a. Aumentar la cantidad de espacio vacío.

b. Utilizar estanterías y soluciones de almacenamiento vertical para maximizar el uso del espacio disponible.

c. Reducir la altura de las estanterías.

6.19. **¿Cuál es un componente clave del control de existencias?**

a. La producción de nuevos bienes.

b. La monitorización constante y la actualización de los niveles de inventario.

c. La eliminación de productos obsoletos sin registro.

6.20. **¿Qué puede contribuir a una mejor organización del almacén?**

a. Almacenar productos de manera aleatoria.

b. Implementar un sistema de etiquetado y codificación de productos.

c. Reducir el número de trabajadores.

6.21. **¿Qué aspecto se incluye en el análisis y clasificación de productos?**

a. La construcción de nuevas áreas de almacenamiento.

b. La evaluación del ciclo de vida del producto y su demanda.

c. La creación de estrategias de *marketing*.

6.22. **¿Cuál es una meta clave en el diseño del *layout* del almacén?**

a. Incrementar los niveles de inventario.

b. Mejorar el flujo de trabajo y la accesibilidad a los productos.

c. Reducir el tamaño del almacén.

6.23. **¿Qué es una estrategia para el control eficiente de existencias?**

a. Incrementar el tiempo de almacenamiento de productos.

b. Utilizar sistemas de inventario automatizados.

c. Aumentar la cantidad de productos defectuosos.

ACTIVIDADES FINALES

6.24. **¿Qué es el factor humano en el almacén?**

a. La interacción entre sistemas automatizados.

b. El papel y la gestión de los empleados dentro de las operaciones del almacén.

c. La distribución de productos.

6.25. **¿Cuál es un objetivo de utilizar el cuadro de mando del almacén?**

a. Reducir la eficiencia operativa.

b. Supervisar y mejorar continuamente el rendimiento del almacén.

c. Aumentar los niveles de inventario sin control.

Gestión de recursos humanos en el almacén

Esta Unidad 7 se centra en la gestión de los recursos humanos en el almacén. Se presentan pautas para la determinación cuantitativa y por categorías de los recursos humanos necesarios. Además, se analiza la relación del almacén con los restantes departamentos de la empresa, destacando la importancia de la coordinación y colaboración interna.

Contenido

7.1. Pautas para la determinación cuantitativa y por categorías de los recursos humanos del almacén

7.2. El almacén y su relación con los restantes departamentos de la empresa

La gestión de recursos humanos en el almacén es un aspecto crucial para asegurar el funcionamiento eficiente y efectivo de las operaciones logísticas. No hay almacén, sin personas que trabajen en él. Los trabajadores serán parte activa y esencial en el éxito de un centro logístico. Incluso en aquellos que están al cien por cien automatizados y no dependen de la preparación de pedidos por plantillas de trabajadores necesitan tener un gran equipo de profesionales de mantenimiento que estén al pie del cañón para todo lo que les pueda ocurrir a las máquinas.

En esta unidad, exploraremos las pautas para la determinación cuantitativa y por categorías de los recursos humanos del almacén, así como la relación del almacén con los demás departamentos de la empresa.

7.1. Pautas para la determinación cuantitativa y por categorías de los recursos humanos del almacén

La determinación cuantitativa y por categorías de los recursos humanos del almacén implica la identificación y asignación adecuada del personal necesario para llevar a cabo las actividades de almacenamiento y distribución de manera eficiente.

Para llevar a cabo este cálculo y optimizar el número de profesionales en cada una de las áreas de almacén sin generar un exceso de costes y evitando no dimensionar adecuadamente, tenemos que tener en cuenta:

- Análisis de carga de trabajo: evaluar la carga de trabajo del almacén, incluyendo el volumen de movimientos de mercancías, el número de pedidos procesados y la complejidad de las operaciones logísticas. Debemos tener muy controlada la carga de trabajo y la productividad media de cada proceso para poder calcular el número de profesionales para cada área. En este apartado, se hace fundamental una previsión de la actividad lo más acertada posible a la realidad. Si no logramos tener esto, nos resultará muy difícil proyectar una plantilla justa para el volumen de actividad concreto e incurriremos en sobrecostes de personal o lo contrario, generaremos cuellos de botella de trabajo por no tener capacidad suficiente de atenderlo.

- Estimación de personal necesario: determinar el número de empleados necesarios en función del análisis de carga de trabajo, considerando factores como el tiempo de procesamiento de pedidos (productividad), los tiempos de ciclo y las horas pico de actividad.

- Asignación de categorías de personal: definir las categorías de personal necesarias, como operarios de almacén, supervisores, técnicos de mantenimiento, personal administrativo, entre otros, en función de las tareas y responsabilidades específicas de cada puesto. Debemos tener en cuenta qué tipo de supervisión y control queremos de los procesos y, en función de ello, elaborar un buen organigrama con los distintos niveles de responsabilidad.

- Vacaciones, fechas festivas, horario nocturno: debemos tener en cuenta qué tipo de actividad está desempeñando nuestro almacén y qué ofrecemos al cliente. En este sentido, deberemos decidir si nuestro almacén va a trabajar con dos turnos diarios o tres (incluyendo la noche), si vamos a tener el almacén abierto los días festivos, como domingos y otras fechas festivas en el calendario. Y, por último, tener en cuenta en el cálculo las vacaciones legales de toda la plantilla y un porcentaje de absentismo (por enfermedad común, no asistencia, etcétera).

Es fundamental realizar una planificación cuidadosa y precisa de los recursos humanos del almacén para garantizar que se cubran todas las necesidades operativas y se mantenga un equilibrio adecuado entre la oferta y la demanda de mano de obra.

Ejemplo de cálculo de personal en un almacén de logística:

Supongamos que tu almacén necesita gestionar la recepción, almacenamiento y despacho de productos. Aquí están los datos necesarios para el cálculo:

- Volumen de trabajo: la cantidad de unidades que deben manejarse por día.

- Tiempo disponible: las horas de trabajo disponibles por día.

- Productividad del personal: la cantidad de unidades que un trabajador puede manejar por hora.

- Volumen de trabajo:

  - Recepción de productos: 1000 unidades/día

  - Almacenamiento de productos: 800 unidades/día

  - Despacho de productos: 1200 unidades/día

- Tiempo disponible:

  - Horas de trabajo por día: 8 horas

- Productividad del personal:

  - Recepción: 50 unidades/hora

  - Almacenamiento: 40 unidades/hora

  - Despacho: 60 unidades/hora

Cálculo del personal necesario:

2,5 personas

1. **Personal para la recepción:**

$$\text{Unidades por día}/(\text{Unidades por hora} \times \text{Horas por día}) = \frac{1000}{50 \times 8} = \frac{1000}{400} = 2.5 \text{ per}$$

Se necesitan 3 personas (redondeando hacia arriba).

2. **Personal para el almacenamiento:**

$$\text{Unidades por día}/(\text{Unidades por hora} \times \text{Horas por día}) = \frac{800}{40 \times 8} = \frac{800}{320} = 2.5 \text{ per}$$

Se necesitan 3 personas (redondeando hacia arriba).

3. **Personal para el despacho:**

$$\text{Unidades por día}/(\text{Unidades por hora} \times \text{Horas por día}) = \frac{1200}{60 \times 8} = \frac{1200}{480} = 2.5 \text{ per}$$

Se necesitan 3 personas (redondeando hacia arriba).

Total de personal necesario:

Sumando el personal para cada área:

$$3 \text{ (recepción)} + 3 \text{ (almacenamiento)} + 3 \text{ (despacho)} = 9 \text{ personas}$$

Conclusión:

Para manejar eficientemente las operaciones de recepción, almacenamiento y despacho en el almacén, se necesitarán un total de **9 personas**.

Este ejemplo es una simplificación, ya que en una situación real también se considerarían factores adicionales como los días de descanso, las ausencias, las habilidades específicas del personal y posibles fluctuaciones en el volumen de trabajo.

7.2. El almacén y su relación con los restantes departamentos de la empresa

El almacén no opera de forma aislada, sino que está estrechamente relacionado con otros departamentos de la empresa, como ventas, compras, producción, *marketing* y servicio al cliente. La gestión efectiva de esta relación es fundamental para asegurar una integración fluida y una coordinación eficiente entre todos los procesos empresariales.

Algunos aspectos importantes que se deben considerar incluyen:

- Comunicación interdepartamental: establecer canales de comunicación eficaces entre el almacén y los demás departamentos para compartir información relevante sobre inventarios, pedidos, pronósticos de demanda, operaciones comerciales, nuevos clientes, implantaciones y cualquier otro aspecto que afecte las operaciones del almacén.

- Coordinación de procesos: coordinar los procesos y actividades del almacén con los de otros departamentos, como la planificación de la producción, la gestión de inventarios y la atención al cliente, para garantizar una ejecución armoniosa y eficiente de todas las operaciones empresariales.

- Colaboración en la toma de decisiones: involucrar a representantes de diferentes departamentos en la toma de decisiones relacionadas con el almacén, como la introducción de nuevos productos, cambios en la estrategia de almacenamiento o la implementación de tecnologías de gestión de inventario, para asegurar que se tomen decisiones informadas y alineadas con los objetivos generales de la empresa.

- Reuniones periódicas de los líderes de cada departamento: es fundamental reunirse con cierta periodicidad los distintos mánager de cada área de la empresa (responsable de operaciones, responsable de finanzas, responsable de ventas y *marketing*, etc.). De esta forma, cada uno puede exponer sus retos actuales y futuros, y trabajar en la misma dirección cada eslabón de la cadena.

La relación del almacén con los demás departamentos de la empresa es fundamental para el éxito global de la organización. Al fomentar una comunicación abierta, coordinar procesos y colaborar en la toma de decisiones, las empresas pueden optimizar sus operaciones empresariales y garantizar una experiencia satisfactoria para los clientes.

RESUMEN

En resumen, esta unidad se centra en la gestión efectiva del personal en el almacén, destacando la importancia de planificar adecuadamente la fuerza laboral y coordinar las actividades entre diferentes departamentos de la empresa.

Se abordan aspectos como la planificación de la fuerza laboral, asignación de tareas, evaluación del desempeño y colaboración interdepartamental para garantizar un funcionamiento eficiente del almacén. Y se ofrecen herramientas y estrategias para reclutar, capacitar, motivar y retener al personal, promoviendo una cultura organizacional orientada a la excelencia operativa y el trabajo en equipo.

ACTIVIDADES FINALES

7.1. **¿Qué se debe considerar al determinar la cantidad de recursos humanos necesarios en un almacén?**

    a. El número de empleados en otras áreas de la empresa.

    b. La cantidad de tareas que hay que realizar y el volumen de trabajo.

    c. El tamaño físico del almacén.

7.2. **¿Cuál es el objetivo principal de la categorización de los recursos humanos en un almacén?**

    a. Asignar uniformes a los empleados.

    b. Definir roles y responsabilidades claras para cada empleado.

    c. Incrementar el tamaño del almacén.

7.3. **¿Qué categoría de recursos humanos es responsable de la gestión operativa diaria del almacén?**

    a. Personal de limpieza.

    b. Supervisores de almacén.

    c. Equipo de ventas.

7.4. **¿Qué implica la determinación cuantitativa de los recursos humanos?**

    a. La identificación de las habilidades necesarias para cada tarea.

    b. El conteo de la cantidad exacta de personal necesario para las operaciones.

    c. La mejora de la infraestructura del almacén.

7.5. **¿Cuál es una herramienta útil para evaluar las necesidades de recursos humanos en un almacén?**

    a. Un sistema de gestión de inventarios.

    b. Un análisis de flujo de trabajo.

    c. Un plan de *marketing*.

7.6. **¿Qué papel juegan los departamentos de compras y ventas en relación con el almacén?**

    a. Aumentar la producción en el almacén.

    b. Colaborar en la planificación de inventarios y la gestión de pedidos.

    c. Reducir el espacio de almacenamiento.

7.7. **¿Cómo puede el almacén mejorar su relación con otros departamentos de la empresa?**

    a. Trabajando de manera aislada.

    b. Estableciendo una comunicación regular y efectiva.

    c. Aumentando la cantidad de productos en *stock*.

A C T I V I D A D E S   F I N A L E S

7.8. **¿Qué departamento es crucial para la planificación y coordinación de la logística del almacén?**

    a. Departamento de *marketing*.

    b. Departamento de recursos humanos.

    c. Departamento de logística.

7.9. **¿Cuál es una pauta importante para la determinación cuantitativa de los recursos humanos?**

    a. Incrementar el número de empleados sin análisis previo.

    b. Evaluar las necesidades en función de la carga de trabajo y los picos de demanda.

    c. Reducir el personal para disminuir costos.

7.10. **¿Qué factor es crucial para una gestión eficiente de recursos humanos en el almacén?**

    a. Capacitación continua y desarrollo profesional.

    b. Reducción de los salarios.

    c. Incremento de la carga de trabajo sin soporte adicional.

7.11. **¿Qué departamento se relaciona directamente con el almacén para asegurar el flujo de materiales?**

    a. Departamento de contabilidad.

    b. Departamento de compras.

    c. Departamento de *marketing*.

7.12. **¿Cuál es una práctica clave para la gestión de recursos humanos en el almacén?**

    a. Ignorar las necesidades de formación del personal.

    b. Implementar programas de formación y desarrollo continuo.

    c. Reducir el tamaño del almacén.

7.13. **¿Qué categoría de empleados se encarga de la manipulación y transporte de mercancías dentro del almacén?**

    a. Personal administrativo.

    b. Operadores de montacargas y personal de *picking*.

    c. Equipo de ventas.

7.14. **¿Cómo puede el almacén influir positivamente en la eficiencia de otros departamentos?**

    a. Manteniendo un *stock* desorganizado.

    b. Asegurando una gestión eficiente de inventarios y tiempos de entrega.

    c. Incrementando los niveles de inventario sin planificación.

ACTIVIDADES FINALES

7.15. **¿Qué es esencial para mejorar la coordinación entre el almacén y el departamento de ventas?**

a. Reducir la comunicación entre ambos.

b. Mantener una comunicación continua sobre niveles de inventario y pedidos.

c. Aumentar los precios de los productos almacenados.

7.16. **¿Cuál es el beneficio de una buena gestión de recursos humanos en el almacén?**

a. Aumento de la rotación de personal.

b. Mejora de la eficiencia operativa y reducción de errores.

c. Reducción de la productividad.

7.17. **¿Qué departamento debe colaborar estrechamente con el almacén para planificar las necesidades de personal?**

a. Departamento de *marketing*.

b. Departamento de recursos humanos.

c. Departamento de ventas.

7.18. **¿Qué factor debe considerarse al categorizar los recursos humanos en el almacén?**

a. La antigüedad de los empleados.

b. Las habilidades y competencias requeridas para cada rol.

c. La ubicación geográfica del almacén.

7.19. **¿Qué estrategia puede ayudar a mejorar la moral y la motivación del personal del almacén?**

a. Incrementar las horas de trabajo sin incentivos.

b. Implementar programas de reconocimiento y recompensas.

c. Reducir los beneficios laborales.

7.20. **¿Cuál es una pauta para la determinación de las categorías de recursos humanos en un almacén?**

a. Asignar roles de manera aleatoria.

b. Definir roles basados en las competencias y necesidades operativas.

c. Incrementar el número de categorías sin necesidad operativa.

7.21. **¿Qué departamento puede beneficiar al almacén proporcionando información sobre tendencias de ventas?**

a. Departamento de *marketing*.

b. Departamento de logística.

c. Departamento de contabilidad.

ACTIVIDADES FINALES

7.22. **¿Cómo puede el almacén impactar en la satisfacción del cliente?**

a. Retrasando los tiempos de entrega.

b. Manteniendo altos niveles de precisión en el *picking* y *packing*.

c. Reduciendo la comunicación con el departamento de ventas.

7.23. **¿Qué es una técnica para mejorar la gestión del factor humano en el almacén?**

a. Ignorar las evaluaciones de desempeño.

b. Realizar evaluaciones regulares de desempeño y proporcionar retroalimentación.

c. Aumentar la carga de trabajo sin soporte adicional.

7.24. **¿Qué aspecto es fundamental para una buena relación entre el almacén y el departamento de compras?**

a. Reducir la frecuencia de las reuniones.

b. Establecer canales de comunicación claros y efectivos.

c. Incrementar la cantidad de productos sin control.

7.25. **¿Cuál es un objetivo de la categorización adecuada de los recursos humanos en un almacén?**

a. Incrementar los costos operativos.

b. Mejorar la asignación de tareas y la eficiencia operativa.

c. Reducir la capacitación y el desarrollo del personal.

Las nuevas tecnologías en la organización del trabajo

En esta Unidad 8 se exploran las nuevas tecnologías que transforman la organización del trabajo en los almacenes. Se analizan las agendas electrónicas, la intranet corporativa y la gestión de proyectos con herramientas como Microsoft Project. También se describen los organizadores personales, destacando su papel en la mejora de la eficiencia y productividad.

Contenido

8.1. Agendas electrónicas

8.2. Intranet corporativa

8.3. La gestión de proyectos con Microsoft Project

8.4. Organizadores personales

La incorporación de nuevas tecnologías en la organización del trabajo es fundamental para mejorar la eficiencia, la productividad y la competitividad de las empresas. En esta unidad, exploraremos varias herramientas y tecnologías modernas que están transformando la forma en que se organiza y gestiona el trabajo en los entornos laborales actuales.

8.1. Agendas electrónicas

Las agendas electrónicas, también conocidas como calendarios digitales, son herramientas que permiten a los usuarios gestionar y organizar sus actividades, citas y tareas de manera eficiente. Estas herramientas ofrecen una serie de beneficios, como la sincronización en tiempo real entre dispositivos, recordatorios automáticos, capacidad de compartir calendarios con colegas y colaboradores, y acceso desde cualquier lugar a través de dispositivos móviles y computadoras.

Algunas de las aplicaciones más populares de agendas electrónicas incluyen Google Calendar, Microsoft Outlook y Apple Calendar.

Figura 8.1. Calendario digital.

8.2. Intranet corporativa

La intranet corporativa es una red interna de comunicación y colaboración que permite a los empleados acceder y compartir información, documentos y recursos dentro de una organización.

Esta plataforma proporciona un espacio centralizado para la comunicación empresarial, la gestión de proyectos, la colaboración en equipo y el acceso a políticas y procedimientos internos. La intranet corporativa puede incluir características como blogs corporativos, foros de discusión, tablones de anuncios, herramientas de gestión documental y sistemas de mensajería instantánea.

Además de todo ello, muchas empresas aprovechan para incluir en su intranet un apartado formativo o escuela donde registran vídeos tutoriales y formaciones digitales de temas de interés para sus empleados.

Algunas plataformas populares de intranet corporativa incluyen Microsoft SharePoint, Slack y Confluence o la propia *website* de la compañía con un apartado restringido para empleados con contraseña y usuario de acceso.

8.3. La gestión de proyectos con Microsoft Project

Microsoft Project es una herramienta ampliamente utilizada en la gestión de proyectos que ofrece una amplia gama de funciones y herramientas para planificar, programar y controlar proyectos de manera efectiva.

Figura 8.2. Logo Microsoft Project.

■ Funcionamiento

Microsoft Project permite a los usuarios crear y gestionar proyectos de manera eficiente mediante la creación de diagramas de Gantt, asignación de recursos, seguimiento de tareas y análisis de costos y tiempos.

Los usuarios pueden empezar creando un nuevo proyecto e ingresando la información básica, como el nombre del proyecto, la fecha de inicio y fin, y la duración estimada. Luego, pueden agregar tareas individuales y establecer relaciones de dependencia entre ellas para visualizar la secuencia de actividades y el flujo de trabajo.

Una vez que se han establecido las tareas, los usuarios pueden asignar recursos, como personal, equipo y materiales, a cada tarea y establecer calendarios de trabajo para definir los horarios de disponibilidad y las fechas límite.

Microsoft Project permite realizar un seguimiento del progreso del proyecto mediante la actualización del estado de las tareas, la revisión de los hitos alcanzados y la comparación con el plan inicial.

- Nivel de dificultad

El nivel de dificultad de Microsoft Project puede variar según la experiencia del usuario y la complejidad del proyecto.

Para usuarios principiantes, la interfaz puede parecer abrumadora al principio debido a la gran cantidad de funciones y opciones disponibles. Sin embargo, Microsoft Project ofrece herramientas de ayuda y tutoriales integrados para facilitar el aprendizaje y la navegación.

Para usuarios más avanzados, Microsoft Project proporciona una serie de características avanzadas, como la gestión de recursos, la programación basada en restricciones y la optimización del camino crítico, que pueden requerir un conocimiento más profundo de la metodología de gestión de proyectos y la aplicación de prácticas recomendadas.

- Ventajas

Microsoft Project ofrece una serie de ventajas significativas para la gestión de proyectos:

- Planificación detallada: permite a los usuarios crear planes detallados y estructurados para proyectos de cualquier tamaño y complejidad, lo que facilita la identificación de tareas, recursos y plazos.

- Seguimiento y control: proporciona herramientas para realizar un seguimiento del progreso del proyecto en tiempo real, identificar desviaciones y tomar medidas correctivas para mantener el proyecto en curso.

- Colaboración y comunicación: facilita la colaboración entre equipos al permitir compartir proyectos, asignar tareas y actualizar el estado del proyecto en tiempo real, lo que mejora la comunicación y la transparencia.

- Análisis y reportes: ofrece capacidades de análisis avanzadas para evaluar el rendimiento del proyecto, generar informes personalizados y tomar decisiones informadas basadas en datos.

Microsoft Project es una herramienta poderosa y versátil que ofrece una amplia gama de funciones para la gestión efectiva de proyectos. Si bien puede requerir cierto tiempo para dominar todas sus características, su capacidad para planificar, ejecutar y controlar proyectos de manera eficiente lo convierte en una herramienta invaluable para cualquier equipo de proyecto.

8.4. Organizadores personales

Los organizadores personales son aplicaciones diseñadas para ayudar a los individuos a gestionar sus tareas, proyectos y actividades diarias de manera efectiva.

Estas herramientas ofrecen funciones como listas de tareas pendientes, recordatorios de eventos, notas y archivos adjuntos, sincronización con calendarios y agendas electrónicas, y seguimiento del progreso de las actividades.

Los organizadores personales son útiles para mejorar la organización personal, aumentar la productividad y reducir el estrés al garantizar que las tareas y compromisos se manejen de manera eficiente y oportuna. Algunas aplicaciones populares de organizadores personales incluyen Todoist, Evernote, Trello, Asana y Jira.

RESUMEN

En resumen, las nuevas tecnologías en la organización del trabajo están transformando la forma en que se planifican, gestionan y ejecutan las actividades laborales en las empresas. Desde agendas electrónicas e intranets corporativas hasta herramientas de gestión de proyectos y organizadores personales, estas herramientas proporcionan las herramientas necesarias para mejorar la eficiencia, la colaboración y el rendimiento en el entorno laboral actual.

El teletrabajo también ha ayudado al desarrollo de numerosas aplicaciones gratuitas y de pago que permiten estar conectados y gestionar el día a día laboral sin necesidad de estar en el mismo espacio.

ACTIVIDADES FINALES

REPASO

8.1. **¿Cuál es una ventaja principal de utilizar agendas electrónicas en el trabajo?**

a. Aumentar el consumo de papel.

b. Facilitar la organización y recordatorio de tareas y citas.

c. Reducir la necesidad de comunicación entre empleados.

8.2. **¿Qué es una intranet corporativa?**

a. Una red social pública.

b. Una red interna de la empresa que facilita la comunicación y el intercambio de información.

c. Un sistema de gestión de ventas.

8.3. **¿Para qué se utiliza principalmente Microsoft Project?**

a. Diseñar gráficos.

b. Gestionar y planificar proyectos.

c. Enviar correos electrónicos masivos.

8.4. **¿Qué función tiene un organizador personal en la gestión del trabajo?**

a. Almacenar datos financieros.

b. Ayudar a gestionar tareas, citas y contactos de manera individual.

c. Diseñar presentaciones de negocios.

8.5. **¿Cómo pueden las agendas electrónicas mejorar la eficiencia en el trabajo?**

a. Permitiendo olvidar citas importantes.

b. Ofreciendo recordatorios automáticos y fácil acceso a la información.

c. Aumentando la cantidad de tareas manuales.

8.6. **¿Cuál es una característica clave de una intranet corporativa?**

a. Acceso público para todos.

b. Seguridad y control de acceso para los empleados de la empresa.

c. Publicación de información de la competencia.

8.7. **¿Qué ventaja ofrece Microsoft Project en la gestión de proyectos?**

a. Automatización de correos electrónicos.

b. Herramientas avanzadas para la planificación, seguimiento y gestión de proyectos.

c. Creación de bases de datos de clientes.

ACTIVIDADES FINALES

8.8. **¿Cuál de los siguientes es un beneficio de utilizar organizadores personales?**

a. Reducción de la productividad.

b. Mejora en la gestión del tiempo y organización personal.

c. Aumento del estrés laboral.

8.9. **¿Qué tipo de información se puede compartir a través de una intranet corporativa?**

a. Información pública de la empresa.

b. Documentos internos, noticias corporativas y recursos de trabajo.

c. Información confidencial de los clientes.

8.10. **¿Qué herramienta tecnológica es ideal para gestionar múltiples tareas y plazos en proyectos?**

a. Microsoft Excel.

b. Microsoft Project.

c. Microsoft Word.

8.11. **¿Qué función pueden tener las agendas electrónicas en el trabajo en equipo?**

a. Eliminar la necesidad de reuniones.

b. Coordinar horarios y facilitar la programación de reuniones.

c. Aumentar la carga de trabajo individual.

8.12. **¿Qué ventaja tiene una intranet corporativa sobre el correo electrónico para la comunicación interna?**

a. Menor seguridad.

b. Centralización y fácil acceso a la información.

c. Mayor riesgo de pérdida de información.

8.13. **¿Cuál es una funcionalidad de Microsoft Project?**

a. Realizar llamadas telefónicas.

b. Crear y gestionar cronogramas de proyectos.

c. Diseñar páginas web.

8.14. **¿Qué beneficio ofrece un organizador personal electrónico frente a uno en papel?**

a. Menor capacidad de almacenamiento.

b. Sincronización con otros dispositivos y aplicaciones.

c. Mayor costo de uso.

8.15. **¿Cómo contribuyen las agendas electrónicas a la productividad?**

a. Incrementando la cantidad de tareas manuales.

b. Facilitando la planificación y el seguimiento de actividades.

c. Reduciendo el tiempo disponible para trabajar.

8.16. **¿Qué permite una intranet corporativa a los empleados?**

a. Acceso a redes sociales externas.

b. Colaborar y compartir información de manera eficiente dentro de la empresa.

c. Publicar información de manera anónima.

8.17. **¿Qué tipo de proyectos se pueden gestionar con Microsoft Project?**

a. Solo proyectos pequeños.

b. Proyectos de cualquier tamaño y complejidad.

c. Proyectos no relacionados con el trabajo.

8.18. **¿Cómo pueden los organizadores personales mejorar la gestión del tiempo?**

a. Aumentando las distracciones.

b. Proporcionando herramientas para planificar y priorizar tareas.

c. Reduciendo la capacidad de planificación.

8.19. **¿Qué característica de las agendas electrónicas facilita la coordinación de equipos?**

a. Compartir calendarios y programar reuniones.

b. Crear gráficos complejos.

c. Diseñar presentaciones.

8.20. **¿Cuál es una ventaja de utilizar la intranet corporativa para la formación de empleados?**

a. Difícil acceso a materiales de formación.

b. Acceso inmediato a recursos y materiales de formación en línea.

c. Incremento del tiempo necesario para la formación.

8.21. **¿Qué aspecto de Microsoft Project es útil para los gerentes de proyecto?**

a. Creación de correos electrónicos.

b. Seguimiento y control de hitos y entregables.

c. Diseño gráfico avanzado.

8.22. **¿Cómo pueden los organizadores personales electrónicos integrarse con otras herramientas?**

a. No pueden integrarse.

b. Sincronizándose con correos electrónicos, calendarios y aplicaciones de gestión de tareas.

c. Eliminando otras herramientas.

ACTIVIDADES FINALES

8.23. **¿Qué tipo de información se puede gestionar con agendas electrónicas?**

    a. Solo contactos.

    b. Tareas, citas, contactos y notas.

    c. Información financiera.

8.24. **¿Cómo puede una intranet corporativa apoyar la cultura de empresa?**

    a. Centralizando la información y promoviendo la colaboración.

    b. Aislar a los empleados.

    c. Reduciendo la comunicación interna.

8.25. **¿Qué característica de Microsoft Project ayuda en la asignación de recursos?**

    a. Realizar pagos.

    b. Planificar y asignar recursos a diferentes tareas dentro de un proyecto.

    c. Crear presentaciones de ventas.

Prevención de riesgos laborales

Esta Unidad 9 se dedica a la prevención de riesgos laborales en el almacén. Se examina la normativa aplicable, las normas para la manipulación de productos y la legislación higiénicosanitaria. Se proporcionan pautas y estrategias para crear un entorno de trabajo seguro, cumpliendo con las regulaciones vigentes y protegiendo la salud de los trabajadores.

Contenido

9.1. Normativa de prevención de riesgos laborales aplicable a los almacenes

9.2. Normas para la manipulación de productos

9.3. Legislación higiénico sanitaria

La prevención de riesgos laborales es una parte fundamental de la gestión de cualquier almacén. En esta unidad, exploraremos la normativa aplicable, las normas para la manipulación de productos y la legislación higiénicosanitaria que deben seguirse para garantizar un entorno de trabajo seguro y saludable.

9.1. Normativa de prevención de riesgos laborales aplicable a los almacenes

Los almacenes, al ser lugares donde se llevan a cabo una variedad de actividades relacionadas con el manejo de mercancías y productos, están sujetos a una serie de normativas y regulaciones en materia de prevención de riesgos laborales. Estas normativas tienen como objetivo proteger la salud y seguridad de los trabajadores, así como prevenir accidentes laborales y enfermedades profesionales.

A continuación, profundizaremos en algunas de las normativas más relevantes que deben tenerse en cuenta en los almacenes:

9.1.1. Ley de Prevención de Riesgos Laborales

La Ley de Prevención de Riesgos Laborales es la normativa principal en materia de seguridad y salud laboral en España (Ley 31/1995, de 8 de noviembre, de Prevención de Riesgos Laborales). Fue publicada en el Boletín Oficial del Estado (BOE) el 10 de noviembre de 1995.

Esta ley establece las obligaciones y responsabilidades tanto de los empleadores como de los trabajadores en relación con la prevención de riesgos laborales.

De manera resumida, algunos aspectos clave de esta ley incluyen:

- Identificación y evaluación de riesgos: los empleadores tienen la obligación de identificar y evaluar los riesgos laborales en los almacenes en la totalidad de puestos de trabajo, tanto los relacionados con las instalaciones y equipos como los relacionados con las actividades y procesos de trabajo.

- Adopción de medidas preventivas: con base en la evaluación de riesgos, los empleadores deben implementar medidas preventivas adecuadas para eliminar o reducir los riesgos identificados en la medida de lo posible. Esto puede incluir la implementación de medidas de seguridad en las instalaciones, la provisión de equipos de protección individual (EPI) y la adopción de procedimientos de trabajo seguros.

- Formación e información: los empleadores tienen la responsabilidad de proporcionar formación e información adecuadas a los trabajadores sobre los riesgos laborales asociados con sus tareas y las medidas de prevención y protección correspondientes. Además de informar, la empresa debe ofrecer de manera obligatoria formación para evitar o reducir dichos riesgos a todos los empleados.

- Participación de los trabajadores: la ley también establece el derecho de los trabajadores a participar en cuestiones relacionadas con la seguridad y salud en el trabajo, incluida la elección de representantes de los trabajadores en materia de prevención de riesgos laborales y la participación en la elaboración de medidas preventivas.

9.1.2. Normativa específica para almacenes

Además de la ley general de prevención de riesgos laborales, existen normativas específicas que se aplican a los almacenes en función de su actividad y sector.

Estas normativas pueden incluir requisitos adicionales relacionados con la seguridad y salud en el trabajo, como:

- Normativa de almacenamiento: regulaciones sobre la disposición y almacenamiento seguro de mercancías, incluida la identificación y gestión de productos peligrosos o inflamables, el uso de estanterías y sistemas de almacenamiento adecuados, y la prevención de riesgos de caídas o colisiones.

- Normativa de manipulación de cargas: directrices sobre el manejo seguro de cargas y materiales, incluida la capacitación en técnicas de levantamiento correctas, el uso de equipos de manejo de materiales adecuados (como carretillas elevadoras y transpaletas) y la prevención de lesiones musculoesqueléticas.

- Normativa de seguridad de maquinaria: normas sobre la seguridad y el mantenimiento de equipos y maquinaria utilizados en los almacenes, incluidas inspecciones periódicas, protecciones de seguridad, procedimientos de trabajo seguros y formación en su uso adecuado.

Es fundamental que los responsables de los almacenes conozcan y cumplan con todas las normativas y regulaciones aplicables en materia de prevención de riesgos laborales para garantizar un entorno de trabajo seguro y saludable para todos los trabajadores.

Pero también es obligatorio el cumplimiento de toda normativa por parte de los trabajadores para evitar accidentes laborales respetando todas las recomendaciones y aprendizajes.

9.2. Normas para la manipulación de productos

La normativa sobre la manipulación manual de cargas en España se encuentra recogida en la Ley 31/1995, de 8 de noviembre, de Prevención de Riesgos Laborales, mencionada anteriormente.

La manipulación de productos en el almacén puede implicar riesgos para la salud y seguridad de los trabajadores si no se realizan de manera adecuada. Para minimizar estos riesgos, es importante seguir una serie de normas y buenas prácticas, como:

- Formación y capacitación: proporcionar formación y capacitación adecuadas a los trabajadores sobre técnicas seguras de manipulación de productos, manejo de equipos y uso de herramientas ergonómicas para prevenir lesiones musculoesqueléticas.

Figura 9.1. Cómo manipular bultos correctamente.

- Uso de equipos de protección individual (EPI): garantizar que los trabajadores utilicen EPI adecuados, como guantes, calzado de seguridad, gafas protectoras y protectores auditivos, según sea necesario para protegerse de posibles riesgos durante la manipulación de productos.

Figura 9.2. Señales de EPI.

- Organización del espacio de trabajo: mantener el espacio de trabajo limpio, ordenado y libre de obstáculos para facilitar la circulación segura de los trabajadores y minimizar el riesgo de accidentes y caídas.

Figura 9.3. Organización y limpieza.

- Manejo de cargas: utilizar técnicas de levantamiento seguro y equipos de ayuda, como carretillas elevadoras, transpaletas y grúas, para manipular cargas pesadas de manera segura y evitar lesiones por esfuerzo físico.

9.3. Legislación higiénicosanitaria

La legislación higiénicosanitaria establece normativas y requisitos para garantizar la higiene y seguridad alimentaria en los almacenes que manipulan productos perecederos o de consumo humano.

En España, la legislación higiénicosanitaria se registra principalmente en diferentes normativas y disposiciones legales que abordan aspectos específicos relacionados con la higiene y la seguridad alimentaria, la manipulación de alimentos y la prevención de riesgos para la salud pública. Estas normativas son emitidas por distintas instancias, como el Gobierno central, las comunidades autónomas y la Unión Europea.

Además de la normativa estatal, cada comunidad autónoma en España puede tener sus propias disposiciones y regulaciones en materia de higiene y seguridad alimentaria, adaptadas a las particularidades de su territorio.

Algunas medidas que deben seguirse dictadas por todas las normativas incluyen:

- Control de plagas: implementar medidas de control de plagas, como la limpieza regular, el sellado de grietas y la eliminación de fuentes de alimento y agua para prevenir la proliferación de insectos y roedores que puedan contaminar los productos almacenados.

- Almacenamiento y manipulación de alimentos: cumplir con las normas de almacenamiento y manipulación de alimentos, como la separación de productos perecederos y no perecederos, el mantenimiento de la cadena de frío, la rotación de *stock* y el etiquetado adecuado de los productos para garantizar su seguridad y calidad.

- Higiene personal: promover prácticas de higiene personal entre los trabajadores, como el lavado de manos regular, el uso de uniformes limpios y la restricción de actividades no relacionadas con la manipulación de alimentos en áreas de almacenamiento y preparación de alimentos.

Cumplir con la legislación higiénico sanitaria es crucial para proteger la salud de los consumidores y mantener la reputación y la credibilidad de la empresa en el mercado.

RESUMEN

En resumen, la Unidad 9 aborda la importancia de la prevención de riesgos laborales en el ámbito de los almacenes. Se comienza con una revisión de la normativa aplicable en materia de prevención de riesgos laborales, destacando la Ley de Prevención de Riesgos Laborales y otras disposiciones relacionadas.

Se analizan normas específicas para la manipulación de productos y la legislación higiénicosanitaria, enfatizando la importancia de cumplir con los estándares de seguridad y salud en el trabajo.

Esta unidad subraya la necesidad de implementar medidas preventivas adecuadas para proteger la salud y seguridad de los trabajadores en el almacén, cumpliendo con la normativa legal vigente y promoviendo una cultura de prevención de riesgos laborales en la empresa.

ACTIVIDADES FINALES

REPASO

9.1. **¿Qué objetivo tiene la normativa de prevención de riesgos laborales en los almacenes?**

   a. Incrementar la producción.

   b. Garantizar la seguridad y salud de los trabajadores.

   c. Aumentar los costos operativos.

9.2. **¿Cuál de las siguientes es una normativa clave en la prevención de riesgos laborales en España?**

   a. Ley de Propiedad Intelectual.

   b. Ley de Prevención de Riesgos Laborales.

   c. Ley de Protección de Datos.

9.3. **¿Qué responsabilidad tienen los empleadores según la normativa de prevención de riesgos laborales?**

   a. Solo deben preocuparse por los beneficios.

   b. Garantizar la seguridad y salud de sus empleados.

   c. Subir los precios de los productos.

9.4. **¿Qué incluye la normativa de prevención de riesgos laborales aplicable a los almacenes?**

   a. Solo medidas de seguridad.

   b. Medidas de seguridad, salud e higiene.

   c. Medidas de *marketing*.

9.5. **¿Qué deben hacer los trabajadores para cumplir con las normas de manipulación de productos?**

   a. Ignorar las instrucciones de seguridad.

   b. Seguir las instrucciones y usar el equipo de protección personal adecuado.

   c. Solo trabajar más rápido.

9.6. **¿Qué es el equipo de protección individual (EPI)?**

   a. Herramientas de *marketing*.

   b. Equipos diseñados para proteger a los trabajadores de riesgos específicos.

   c. Documentos legales.

9.7. **¿Qué norma es importante para la manipulación de productos en los almacenes?**

   a. Ley de Conservación de Energía.

   b. Normas de seguridad y manipulación de cargas.

   c. Normas de Contabilidad.

A C T I V I D A D E S   F I N A L E S

9.8. **¿Cuál es una medida básica para prevenir accidentes al manipular productos en un almacén?**

   a. No seguir ninguna norma.

   b. Usar el equipo de protección personal adecuado.

   c. Trabajar en condiciones insalubres.

9.9. **¿Qué aspecto cubre la legislación higiénicosanitaria en los almacenes?**

   a. Solo la limpieza de las oficinas.

   b. La higiene y salud en todas las áreas del almacén.

   c. La decoración del almacén.

9.10. **¿Por qué es importante la higiene en el entorno laboral del almacén?**

   a. Para aumentar los costos.

   b. Para garantizar un ambiente seguro y saludable.

   c. Para reducir el espacio de almacenamiento.

9.11. **¿Qué debe hacer una empresa para cumplir con la legislación higiénicosanitaria?**

   a. Ignorar las regulaciones.

   b. Implementar y seguir protocolos de limpieza y desinfección.

   c. Solo centrarse en la producción.

9.12. **¿Qué puede incluir una evaluación de riesgos en un almacén?**

   a. Solo una revisión superficial.

   b. Identificación de todos los posibles riesgos y medidas para mitigarlos.

   c. Ignorar los riesgos menores.

9.13. **¿Qué es un plan de emergencia en un almacén?**

   a. Un plan para aumentar las ventas.

   b. Un conjunto de procedimientos para responder a emergencias.

   c. Una lista de contactos de clientes.

9.14. **¿Qué es importante para la correcta manipulación de productos químicos en un almacén?**

   a. No seguir ninguna precaución.

   b. Seguir las instrucciones de seguridad y usar equipo de protección adecuado.

   c. Almacenar los productos en cualquier lugar.

9.15. **¿Cómo puede la formación en prevención de riesgos laborales beneficiar a los empleados?**

   a. Aumentando la cantidad de trabajo.

   b. Mejorando la seguridad y reduciendo el número de accidentes.

   c. Incrementando el estrés.

ACTIVIDADES FINALES

9.16. **¿Qué responsabilidad tiene el trabajador en la prevención de riesgos laborales?**

   a. Ignorar las normas.

   b. Cumplir con las normas y reportar condiciones inseguras.

   c. Solo centrarse en su tarea.

9.17. **¿Cuál es una consecuencia de no seguir la normativa de prevención de riesgos laborales?**

   a. Mejora en la productividad.

   b. Aumento de accidentes y sanciones legales.

   c. Reducción de costos.

9.18. **¿Qué debe incluir un programa de prevención de riesgos laborales en un almacén?**

   a. Solo medidas de *marketing*.

   b. Evaluaciones de riesgos, formación y protocolos de seguridad.

   c. Estrategias de ventas.

9.19. **¿Qué acción es crucial al manejar cargas pesadas en el almacén?**

   a. Levantarlas incorrectamente.

   b. Utilizar técnicas adecuadas y equipo de ayuda.

   c. No usar equipo de protección.

9.20. **¿Qué es una evaluación de riesgos?**

   a. Un análisis de costos.

   b. Un proceso para identificar y evaluar riesgos en el lugar de trabajo.

   c. Una revisión de la calidad de los productos.

9.21. **¿Qué tipo de formación es esencial para los trabajadores de almacén?**

   a. Formación en ventas.

   b. Formación en prevención de riesgos laborales y uso de equipos de protección.

   c. Formación en *marketing* digital.

9.22. **¿Qué debe hacer un almacén para mantener la conformidad con la legislación higiéni-cosanitaria?**

   a. Solo limpiar una vez al mes.

   b. Mantener un protocolo regular de limpieza y desinfección.

   c. Ignorar las normativas.

9.23. **¿Cuál es el propósito de las señales de seguridad en un almacén?**

   a. Decorar el almacén.

   b. Informar y advertir sobre posibles peligros.

   c. Aumentar la producción.

ACTIVIDADES FINALES

9.24. **¿Qué puede ayudar a reducir el riesgo de lesiones al manipular productos?**

    a. No usar ninguna protección.

    b. Uso correcto del equipo de protección personal y técnicas adecuadas de levantamiento.

    c. Trabajar sin descanso.

9.25. **¿Por qué es vital la legislación higiénicosanitaria en los almacenes de alimentos?**

    a. Para reducir el espacio de almacenamiento.

    b. Para prevenir la contaminación y garantizar la seguridad alimentaria.

    c. Para aumentar los costos operativos.

Bibliografía

- Rodríguez González, Ricardo J., *Gestión de almacenes: teoría y práctica*, 2.ª edición, Editorial Díaz de Santos.

- Alfonso Riera, Manuel, *Gestión de almacenes: organización y operativa*, 2.ª edición, Editorial Díaz de Santos.

- García García, José Manuel, *Logística integral: la gestión operativa de la empresa*, 3.ª edición, Editorial Díaz de Santos.

- García López, Juan Manuel, *Gestión de almacenes y control de inventarios*, 2.ª edición, Editorial Ediciones Pirámide.

Organización
del almacén

Optimizar el almacén y maximizar su rendimiento es imprescindible para transformar la forma en que se gestionan las operaciones logísticas.

Pensado para mejorar la eficiencia de las operaciones logísticas, este libro contiene todo lo necesario para lograrlo: desde los objetivos fundamentales del almacén hasta las últimas innovaciones tecnológicas en el sector.

Su contenido responde al previsto en la especialidad formativa identificada con el código COML019PO *Organización del almacén*.

Con un enfoque detallado analiza las zonas comunes de un almacén, su distribución (*layout*) y los equipos mecánicos de transporte, también se abordan técnicas avanzadas de almacenamiento, gestión de *stocks* y procesos de envío. Además, ofrece herramientas clave para la organización y gestión general, como el control de existencias, el aprovechamiento del espacio y la mejora de la productividad. También profundiza en la gestión de recursos humanos, la implementación de nuevas tecnologías y la prevención de riesgos laborales, asegurando un entorno seguro y eficiente.

Numerosas fotografías e imágenes, ejemplos, resúmenes y una completa batería de ejercicios de autoevaluación con soluciones disponibles en www.paraninfo.es contribuyen a facilitar y afianzar el aprendizaje.

El equipo autoral cuenta con una amplia trayectoria laboral y académica como docentes especializadas en Formación para el Empleo.

Sin duda, el manual definitivo para optimizar la gestión de cualquier almacén.

Solucionario disponible previo registro, desde la ficha web de este libro en **www.paraninfo.es**.

Paraninfo
www.paraninfo.es

ISBN: 978-84-283-6815-5

Fomento y promoción del trabajo autónomo

FCO004

Enrique García Prado

2ª
edición

Paraninfo